オープン・インテグラル アーキテクチャ

百貨店・ショッピングセンターの企業戦略

北島 啓嗣 著
Hirotsugu Kitajima

東京　白桃書房　神田

はじめに

　外部の専門企業との密接な連携関係を利用することは，現代の企業には必要な要素である。21世紀たる今日，この現象はアウトソーシングの台頭，ファブレス企業など専門企業の隆盛，「持たざる経営」手法の流行，など様々な角度から，観察できる。自社で全てを囲い込むのではなく，優れた外部の経営資源をいかに利用するかが，経営の大きな課題として浮上している。この現象は，実務の世界のみならず，学界でも多くの関心を集め，オープン化，プラットフォーム化，ネットワーク経営，アンバンドリング，ビジネス・アーキテクチャなど様々なキーワードを軸に研究が進められてきている。

　モジュール化（modularization）モジュールとは本来，建築物の各部分の系列化された寸法のことである。1990年代より，この言葉を製品開発あるいは組織について適用する議論が多くなっている。その適用範囲は，製品のような有形なものだけではなく，サービスといった無形なものにも適用が可能である。

　モジュール化あるいは，アーキテクチャに関する議論は，元々コンピュータを典型とする工業製品から出発した。その工業製品の部品をいかに設計し，誰か構築するかという議論が立脚点であり，そこから，その部品を作り出す組織と組織間関係をも視野にいれているという構図である。

　しかし，アーキテクチャ産業論は，工業のみに適用可能なものではない。金融へのモジュラー化，アーキテクチャ化の議論については,臼杵政治（2001）「金融業のアーキテクチャと競争力　内在化するモジュラー化志向とクローズな取引関係の役割」，流通業については　武石彰・高梨千賀子（2001）「海運業のコンテナ化　オープン・モジュラー化のプロセスとインパクト」が存在する。しかし,日本の経営学のメインストリームは工業への関心であり，金融，流通など第三次産業はそれぞれ，金融論,流通論などという枠組みに入れられ，研究者の数も不足している。まだまだ研究が進んでいるとは言い難い。

　百貨店あるいはショッピングセンターも，分業体制としては，建物の設置

者と販売者をアンバンドリングし，それぞれの商品をブランドまたはテナントというこのサブ・システム「モジュール」に分解し，それを集積し，顧客に提供している。

しかし，特に百貨店の経営について，外部資源の利用は，批判の対象であった。百貨店が危機，あるいは衰退業種，または構造不況業種である，とする論調は，40年近くも続いている。このような言説は「百貨店」と「スーパー」の小売業におけるシェア逆転から議論され，近年は学界，ビジネス界を問わず，支配的な論調といっても過言ではない。現代の百貨店は収益だけを見れば，その確保に苦しんでいる。その原因は，取引先やテナント，ブランドに依存し，販売を多くの派遣社員に担わせてきたこととされてきた。百貨店はいわば，「場所貸し」業になってきた，といわれ，外部の資源の利用についてであり，取引先に依存する取引慣行がその収益低迷の原因であったとされた。

一方，日本を代表するいくつかの百貨店，例えば，伊勢丹新宿店，日本橋三越などの店頭に立てば，日本のどこが不況なのだ，と思わせる人の数ときらびやかに着飾った人々が高額の買い物をする光景に出会う。そこには，「衰退業種」といわれる暗さはない。また，衰退がささやかれ，危機がさけばれてなお四半世紀経過した今，それでも百貨店は，産業の大きなシェアを占めている。

現代でも百貨店は，店頭の賑わいを見る限り，ある程度消費者に支持をされている，流通業の一翼を担うシステムである，といえる。

一方，百貨店よりも，外部経営資源を利用する度合いが高いショッピングセンター（SC）は，の店舗数，売り場面積，売上高は大幅に伸長している。SCは，全面的に「アウトソーシング」を採用している業態である。分業体制としては，建物の設置者と販売者をアンバンドリングする。それぞれの商品をいわば，「モジュール化」というべきサブ・システムを導入し，それを煩雑に入れ替える「オープン化」を採用している業態である。

ショッピングセンターの設置自体は，比較的簡単にできる。小売業の運営経験を持たない第三セクターあるいは不動産業が，ショッピングセンターの運営を行っている例は多くある。

ショッピングセンター取り扱いブランドは百貨店と共通のものも多く，顧

客層も重なりあうところから，百貨店と競合関係は明らかである。百貨店の経営を圧迫する原因となっている。

しかし，これだけSCが伸長しながら，1.全国に展開するあるいは優良な企業が存在しないのか　2.なぜ，百貨店の面積効率を抜けないのか　という疑問が提出できる。これらは，この販売という重要な経営資源の外部資源利用によって，百貨店は不動産業に「堕落した」という批判があるが，SCでは果たしてどうなのか。

ショッピングセンターの設置，すなわち，テナントを同一の店舗内に集積することは簡単に模倣可能な戦略である。あるいは百貨店も多くのブランドやテナントを取り入れ，運営が行われている。しかも優良なモジュールを提供するテナント企業は，その成功事例を誇示しながら，他のSC，あるいは百貨店に営業活動を行っている。

この問題を武石（2003, pp.6-7）は，「アウトソーシングのジレンマ」と呼んだ。競争上重要な業務を外部の組織にゆだねること（アウトソーシング）は，現代の分業体制では必要である。SC，百貨店においては，優良またはトレンドとなっているテナント，ブランドを誘致しなくては競争に敗れる。しかし，テナント，ブランドは，競合企業にも利用可能であり，持続的な競争優位をもたらさない。これがアウトソーシングのジレンマである。武石は，自動車産業におけるこの問題を分析し，その問題の解決の鍵は，企業の内部のマネジメントにあることを示した。

しかし，武石の到達点には，いくつかの課題が残っている。一つは，武石自身が認めているように（前掲書，pp.241-246）自動車産業とは異なるアーキテクチャの下では，同様の問題に対し対処しているのかという課題がある。二つ目は，マネジメントの鍵として「知識」である，としているが，知識という概念は普遍的に過ぎる。武石は，自動車産業における知識を詳細かつ具体的な知識を挙げている（pp.173-182）が自動車産業の産業の枠を越えられない。マネジメントの鍵は知識であるとして，この知識に関して，他の産業ではどうなのか，という問いが必要である。本書では，この「知識」とは流通業，百貨店業においてはいかなるものであるかについて検討する。

本書においては，重要な問いであるアウトソーシングを行いつつ競争優位

を保つにはなにが必要か，という問いに対し，模倣の難しい「調整能力」というケイパビリティが必要であるという仮説を掲げる。アウトソーシングのジレンマの解消には，「オープン・インテグラル戦略」が有効である，ということである。これを意識し，実行したのが伊勢丹であり，逆に，その能力を失っていったのが高島屋をはじめとする他の百貨店である。

　この問いは，リソース・ベースト・ビュー（RBV：resource-based view）に則している。これは，競争優位をもたらすレント（rent）の源泉を企業自身に求める。企業の成長を企業の持つ資源に求める流れは，ペンローズ（Penros, 1959）の議論から，バーニー（Barney, 2002）により，まとめられ，それまで競争戦略の中心をなしていた，企業の置かれた産業構造を重視する議論を補完した。バーニーは，VRIO分析を提唱し，ある資源が競争優位をもたらすかどうかは，資源の価値（value），希少性（rareness），模倣可能性（imitability）の三つの要因によって決まるとする。VRIOとはこの三つの要因に組織（organization）を加えた4要因の頭文字である。

　では，いかなる「アウトソーシングのジレンマ」を打ち破るのはいかなる「VRIO」か，というのが本書の問いである。

　本書では，百貨店およびSCの大型店の店舗設計を巡る企業間分業に着目する。製品開発（product development）に関する組織間関係（interorganizational relation）が現代の分業を分析するには重要である。本書では，このアンバンドリング，モジュール化，アウトソーシングについての理論的な検討を行う。これは，アウトソーシングのジレンマにどのように対処しているか，すなわち同じ外部資源を利用しながら，どのように同質化を回避しているかという問いでもある。

　本書はそれに対し「オープン・インテグラル」をキーワードに，百貨店とSCをを中心とした小売業の大型店を対象として分析する。「オープン・インテグラル」は，従来のビジネス・アーキテクチャでは，空白とされてきた領域である。たしかに，オープン・インテグラルは，工業製品の設計としては，成立しない。19世紀以前，工業加工の精度が低い時代においては，部品を摺り合わせて，精度を上げて，完成品を組み上げるということはあった。（藤本，2001, pp.62-74）しかし，20世紀初頭，フォーディズムと呼ばれる工業

の革命によって，精度の問題は解決し，摺り合わせは設計の段階で事前に調整されるようになった。近代の工業化によって擦り合わせ調整を必要とする製品は競争力を失った。工業製品の場合，設計段階で，オープン性を保持する，従って，多様なサプライヤーからの提案を受け，頻繁に入れ替え，そして，それを摺り合わせ調整する，そしてそれが合理的な工業製品は想像しにくい。

　しかし，それが，サービスの領域ではどうか。流通セクターに属する企業は，文字通り流通を行うものであるが故に，多数企業間の組み合わせの上に成立している。多くは多数の卸売業，問屋と取引をおこなっており，その問屋から供給される製品，ブランドは入れ替えが容易であり，オープン性を保持している。そして，そこには，価格や製品の納品数量や価格などそのそのサービス製品の根幹部分について，多くの事前のあるいは事後の調整が行われている。これは空白であったオープン性を持ちながら多くの調整を行う，「オープン・インテグラル」のアーキテクチャではないのか。そして調整には巧拙があり，調整能力が競争を左右しているのではないのか。

　アウトソーシングの利用範囲は，近年急速に拡大し，量的にも質的にも変化している。本稿が主張する，アウトソーシングのジレンマという問題とその解消方法は，他の業態，他の形態のアウトソーシングにおいても可能である。

　特に，業務のアウトソーシング，BPO，KPO等に関しては，企業経営にとって重要な位置付けでもあり，また，競争優位の源泉になる可能性もあるところから，本書の主張する「オープン・インテグラルアキーテクチャ」が，議論として一般化，普遍化する可能性があると考えている。

　著者は15年余に渡る百貨店での勤務経験で，この外部資源の利用の是非についての現場での議論と経験を積んできた。百貨店に関わる多くの識者，経営陣は多くの場合，外部資源の利用に否定的であった。逆に，現場の社員は，外部資源への「依存」をいわば，必要悪として，肯定していた。そして，経営陣からは，買取形態の取引を指向し，取引先依存の返品制を否定し，百貨店の自主性を取りもどすことを目標に掲げ，自ら販売し，またプライベート・ブランドを積極的に導入しようという指示が行われてきた。しかしそれはなかなかに機能しなかった。大学院に入学しこの問題を鳥瞰的に取

り扱い，そして，流通論の枠組みすら一端離れて，取引費用の経済学（TCE: Transaction Costs Economics）その他組織の経済学その他理論的な枠組みを通してこの問題をもう一度眺めた時に，この経営陣と現場一線の社員，あるいは百貨店を巡る学界を踏む識者と，現場の「本音」の認識との矛盾について，一定の解答を得たように思う。本書は私の長年の「参与観察の成果であると同時に，現場で一緒に汗を流して来た昔の仲間との会議室でのそして酒席での議論の集大成でもある。

　本書をまとめるにあたり，私の大学院の指導教授であった中央大学総合政策研究科の林昇一先生に多くのご指導を頂いた。同じく，中央大学総合政策研究科の丹沢安治先生には，特に理論面での示唆と励まし，そして出版に関しての推薦を頂戴した。また本書のベースとなった博士論文の副査であった遠山暁教授，佐久間賢教授，合同ゼミでご指導を頂戴した中央大学経済学部の高橋宏幸教授，現慶應大学の菊澤研宗教授，派遣社員など非正規労働の問題に関してご相談させていただいた古郡鞆子教授，いろいろな局面でご指導を頂戴した三浦俊彦教授に改めて感謝したい。また，先輩である現久留米大学の永池克明先生，有益な刺激を与えてくれる福井県立大学の元同僚であり，現同志社大学の崔容薫先生，中央大学の久保知一先生，機械振興協会の近藤信一先生，愛知産業大学の中里弘穂先生，そして，福井県立大学の諸先生方，にお礼を申し上げたい。

　また，出版事情厳しき折に出版をお引き受け下さった白桃書房　大矢栄一郎社長に感謝する。

　最後に，妻仁子と長男英嗣に，そして両親に感謝したい。

平成21年3月
北島啓嗣

【目次】

はじめに

第1章
百貨店・ショッピングセンターとは何か……1

1　百貨店・ショッピングセンターの定義……1
2　百貨店の誕生……2
3　百貨店の変化〜「流通革命」の影響……3
4　百貨店衰退の経緯……5
5　SCの歴史……8
6　本書の分析対象……9

第2章
百貨店衰退論の整理と反証……12

1　百貨店・SCが置かれている「業界」は衰退しているのか……12
2　業態としての百貨店・SC，競合する業態……17
3　百貨店衰退論の整理……18
4　返品制度は真因なのか……22
5　中間組織としての「百貨店」「SC」……25
6　外部経営資源活用の合理性……30

vii

第3章

21世紀の百貨店・SC～ネットワーク組織 ……………………… 40

1 百貨店の変化 …………………………………… 40
2 店舗における分業体制 ………………………… 42
3 21世紀の分業体制 …………………………… 46
4 ショッピングセンター（SC）の台頭 ………… 50
5 新しい競争，新しい問題～アウトソーシングのジレンマ …… 53

第4章

オープン化と調整 ………………………………………………… 60

1 モジュールあるいはサブ・システムの集積としての大型店舗 …… 60
2 サブ・システムあるいはモジュール化とは何か ……… 61
3 製品の変化 ……………………………………… 62
4 変化の拡大 ……………………………………… 65
5 モジュールのメリット ………………………… 67
6 モジュールとオープン・ネットワーク ……… 68
7 アウトソーシングのメリットとコストの発生 … 71
8 オープン化の陥穽 ……………………………… 76

第5章
オープン・インテグラル戦略 ……………………………………84

 1 複数のクライアントを持つ企業 …………………………… 84
 2 アウトソーシング受託企業の競争優位 …………………… 92
 3 調整の時期 …………………………………………………… 94
 4 費用の事前支出 ……………………………………………… 96
 5 調整の失敗によるベネフィット喪失 ……………………… 98
 6 流通業における調整〜オープン・インテグラル戦略 …… 100

第6章
百貨店の店舗設計 ……………………………………………107

 1 百貨店のマーチャンダイジング …………………………… 107
 2 マーチャンダイジングの実現の方法 ……………………… 109
 3 誰が調整を行うのか ………………………………………… 113
 4 調整のコストとベネフィット ……………………………… 114
 5 調整の実行者 ………………………………………………… 115
 6 百貨店の調整力 ……………………………………………… 117
 7 顧客の代弁者としての百貨店社員 ………………………… 119
 8 CRM と POS ………………………………………………… 122
 9 二軸の調整〜疑似マトリックス組織 ……………………… 126
 10 個別企業のケイパビリティ ………………………………… 128
 11 立川のケース ………………………………………………… 129
 12 新宿のケース ………………………………………………… 132

13　店舗戦略の差異……………………………………………………138

第7章
ショッピングセンター (SC) の問題……………………………145

　　　1　ショッピングセンターとは何か……………………………………145
　　　2　SCと外部経営資源……………………………………………………148
　　　3　プロパティ・マネジメントとは何か………………………………149
　　　4　SCのマネジメントに求められるもの……………………………151
　　　5　プロパティ・マネジメントの能力向上のために…………………156

第8章
結論：百貨店・SCシステムの課題……………………………160

　　　1　百貨店・SCシステムの課題………………………………………160
　　　2　地域競合の集積としての百貨店競争戦略
　　　　　〜百貨店の経営統合に関して………………………………………162
　　　3　出店はいかなる戦略の次元にあるのか……………………………166
　　　4　希少資源は何か………………………………………………………168
　　　5　百貨店・SCの競争力＝組織能力とは何か………………………170

おわりに……………………………………………………………………………176
参考文献……………………………………………………………………………179

第1章
百貨店・ショッピングセンターとは何か

1　百貨店・ショッピングセンターの定義

　百貨店（department store）とは，一つの店舗のなかで部門別管理方式のもとに，買い回り品，専門品を中心に多種多様な商品を取り揃えて販売する大規模小売店である。対して，ショッピングセンター（Shopping Centre：SC）とは，デベロッパーと呼ばれる一つの経営体が中心になって計画，開発した建物に，テナントと呼ばれる小売店，飲食店，サービス施設が入り，地域の生活者に多種多様な商品，サービスを提供する商業施設のことである。近年，大きくシェアを伸張させ，流通業のなかでも大きな成長を遂げている業態である。取扱ブランドは百貨店と共通のものも多く，顧客層も重なりあうところから，百貨店との競合関係は明らかである。

　百貨店・SCの定義は，法律的に明確なものはない。旧来の大規模店舗法，現在の大規模店舗立地法においては，百貨店あるいはSCの定義はない。大規模店舗立地法においては，その適用範囲は，小売業（飲食店業を除くものとし，物品加工修理業を含む）を行うための店舗の用に供される「店舗面積」が政令の定めを超えるもので一の建物であるものとある。この概念においては，百貨店・SCを含む広汎な小売業がそこに含まれる。日本標準産業分類（平成14年3月改訂）によれば，産業分類「551　百貨店，総合スーパー」に，3,000㎡以上（都の特別区及び政令指定都市は6,000㎡以上）で，衣，食，住にわたる各種商品を小売し，そのいずれが主たる販売商品か判別できない事業所で，従業者が50人以上の事業所をいう，とあるが，この分類ではいわゆるSCも含まれる。

最も社会的通念に近い百貨店の基準としては，財団法人日本百貨店協会に加盟しているものを百貨店とする，というのが最も理解しやすい。この場合では，2007年現在全国94社，266店が対象となる。本稿においても統計上その他においてこの定義を採用していく。ただし，これも，地方百貨店においては事実上セルフサービスを大幅に取り入れるなど，その運営システムを詳細に見ると百貨店とはいいにくいものも存在する。

　したがって，本稿では，百貨店の定義としては，財団法人日本百貨店協会に加盟しているものを百貨店とみなすが，主たる分析の対象を，高島屋，三越，ミレニアム（西武・そごう），伊勢丹，大丸，松坂屋，阪急，松屋，小田急，近鉄百貨店，京王百貨店，京急百貨店等とする。

　では，SCとは何か。SCは，デベロッパーが計画，開発した建物に，テナントと呼ばれる小売店，飲食店，サービス施設が入り，多様な商品，サービスを提供する商業施設である。SCは，全小売業の総売上高に対し約2割を占め，百貨店の約6％，スーパーの約9％より大きなシェアを持っている。そして，この10年で大きくシェアを伸張させ，流通業のなかでも大きな成長を遂げている業態である。SCの店舗数，売場面積，売上高は大幅に伸長している。SCは，商品群，取扱ブランドが重なり合うところから，百貨店と直接に激しい競合関係にある。

　さらに，本稿が分析の対象とするのは，現代の百貨店・SCである。特に百貨店は，時代に即しその社会的な役割を変化させてきた。詳細は後述するが，1985年ごろからその社会的役割は大きく変化し，1997年を境にさらに店舗設計に変化があったと考えられる。

2　百貨店の誕生

　百貨店の歴史を概観してみる。これは，社会的に百貨店がどのような役割を持っていたのか，ということを分析する作業でもある。SCの歴史が浅いのに対し，百貨店の歴史は長く，それゆえに社会的な役割及び小売業のなかの位置を変化させてきた。それゆえにこの作業が特に必要となる。

　百貨店が成立する前までの小売業の形態は，主として家内的な産業であった。百貨店は，産業組織として成立した世界最初の近代的な小売産業である。

これまで零細経営の域を越えることができなかった小売企業に，初めて「工業」企業と同様の近代的大企業への道を開いた（鈴木，2001）。

フランスでは1852年にパリのボン・マルシェ（Bon Marché）を皮切りに，アメリカでは1858年にニューヨークのメーシー（Macy），イギリスでは1863年のホワイトリー（Whiteley），ドイツでは1870年のヴェルトハイム（Wertheim）と19世紀のフランス，イギリス，ドイツ，アメリカといった当時の先進国で百貨店は生まれた。日本では，1904年に新装開店した三越がその最初であるといわれている。たくさんの種類の商品を，広い売場で販売する，大規模小売店であり，百貨を扱うところから「百貨店」という名がついた。デパートとも呼ばれ日本においてはかつての呉服屋から発展したもの（三越，高島屋，大丸等）と，鉄道会社が多角経営の一角として始めたもの（阪急百貨店，西武百貨店等）の二つの大きな流れがある。

百貨店は，巨大な店舗を必要とする。百貨店にはまず，同時期に存在した他の小売業に比べ規模の大きさという差異がある。さらに，百貨店の近代的経営の性質は，多数多種類の商品を商品部門別組織のもとに一つの建物内に集合させるということにある。これがデパートメント・ストアの名の由来でもある。さらにこれを一つのマネジメントの意思のもとに統轄する。それにより大量仕入れを実現するとともに，店内の各部門での大量販売により，圧倒的に大規模かつ他の小売業に比して近代的なマネジメントを持つ存在として発展した。また，直接販売部門だけではなく，宣伝・広告，配送などの間接的な機能を本部の支配下で行い，また従業員の募集教育訓練といった問題も全て本部で扱うというように，初めて近代的マネジメントを取り入れた。また，正札販売，現金販売，入退店の自由，品質の保証といった販売政策におけるイノベーションを行った。これにより消費者の支持を獲得し，近代企業としての信用を確立し発展を遂げた。

3　百貨店の変化〜「流通革命」の影響

百貨店は近代的小売業の一形態として19世紀に確立し，以後20世紀の半ばまで小売業界のなかでの数少ない大規模な近代的企業組織であった。20世紀半ば以降，それ以外の小売業分野の近代企業が成立するのはいわば必然であ

った。

　アメリカにおいては，1890年代にはチェーン・ストア，通信販売業が出現し[4]，また1930年代には食料品販売の革新的店舗としてスーパーマーケットが登場している。特に，1920年代以降チェーン・ストア，スーパーマーケット，さらには店舗経営にも進出した通信販売店などが著しい発展をとげた。通信販売店から転進した総合小売業のシアーズ・ロバック，スーパーマーケットのセーフウェーやクローガー，チェーン・ストアから総合小売業に転進したKマート，J. C. ペニーなどの各社が独自の発展を遂げ，多様化していった。Chandler（1962年，pp.287-358）は，シアーズ・ロバック（Sears, Roebuck and Comany）社を事例として取り上げ，その発展を活写し，多様な商品を取り扱う場合，ある程度の分権化が避けては通れないことを示している。

　さらに第二次世界大戦後においても，社会生活の変化にともなって新しい形態の小売店が続々と登場している。チェーン・ストアではボランタリー，フランチャイズといったチェーン経営方式の分化が進むとともに，ディスカウント・ストアが誕生し，また農業協同組合，生活協同組合などが小売業に進出し，また，無店舗販売においても，TV，インターネット通販などが展開されている。現代のアメリカにおいての百貨店は，チェーン・システムを導入して多店舗展開に成功したフェデレーテッド・デパートメントほか数社のみに集約されている。しかし百貨店は今日でも高級店としてのイメージを維持しており，ニューヨークの老舗メーシーはそのブランドを保っている。

　日本においては，1904年の三越開店を皮切りに，百貨店は隆盛するが，第二次世界大戦以前にはそれ以外の近代的組織的流通業は発達しなかった。

　戦後，アメリカからのノウハウの積極的な導入の結果，あらゆる形態の小売店が発展し「流通革命」と称される現象が特に昭和40年代を境に成立した。

　この時期の日本の小売業の特徴は，小売店の多くが従業員2～4人の零細な独立営業店に占められていて，そのなかに近代的な百貨店を始めとする大型店が屹立するという構造であることである。そして零細な独立店舗は，また多数の中小の問屋網を必要とし[5]，こうした流通の零細・多段階性が特徴であった。これが，日本の物価水準の高さの原因の一つとされている[6]。

　明治末期に成立した日本の百貨店はその後急速に発展し，大都市の都市百

貨店以外に地方都市にも地方百貨店が成立し，1950年代までは百貨店の牙城に迫りうる他の組織的な小売企業形態は存在しなかった。しかしアメリカにおいての百貨店は，百貨店以外の組織的な近代マネジメント能力を持つ小売業の発達により，しだいに小売業界でのシェアを低下させざるを得なくなった。それと同様の現象が，日本の第二次世界大戦後の流通史でも生じている。戦後，スーパーの発展が目覚ましく，1972年には，百貨店「三越」が，その売上高においてスーパーの「ダイエー」に抜かれるという事態が生じ，時代の動きを象徴した。日本においては戦後個人商店を含む小規模な店舗から，大型の百貨店，のちにはスーパー，コンビニエンス・ストア，といった規模が大きく，またチェーン・オペレーションを運営の根幹に据えた近代的で高度なシステムを持つ企業へその中心が移り変わっていった。また大規模なSCが誕生し，百貨店の牙城を脅かした。

このような傾向はその後も継続し，アメリカの場合と同様小売業界における百貨店のシェアは低下を続ける。これが，百貨店・SCを中心とした大型流通業の競争の状況である。

4　百貨店衰退の経緯

現代においても，百貨店各社は収益の確保に苦しんでいる。「百貨店」が危機，あるいは衰退業種，または構造不況業種である，とする論調は既に1970年代からある。そしてますます大きくなりつつある。特に，「百貨店」と「スーパー」の小売業におけるシェア逆転から議論され，近年は学界，ビジネス界を問わず，支配的な論調である。

その例として書名を挙げれば，日経流通新聞編 (1993)『百貨店があぶない』(日本経済新聞社)，中村 (1994)『百貨店経営新論 その再生のシナリオ』などの，百貨店業界に詳しい報道各社がまとめた種々の書籍，あるいは，百貨店関係者が書いた『百貨店に明日はない』(実業之日本社) など，刺激的なタイトルの本が書店に並ぶ。学界にあっても江尻 (2003) の大著『百貨店返品制の研究』が上梓され，返品制を軸に現代の百貨店危機について論じられている。[7]

これらの百貨店に関する議論と百貨店の取った方策をまず，年代別に整理してみる。1960年代においてはいまだ百貨店衰退論の影はない。土屋 (1967)

の著『百貨店』においても，現代の百貨店に関する分析においては避けて通れない「衰退」「斜陽」という文字は全く見受けられない。ただし，広義の返品制度に含まれる委託販売制度については記述が見られ，「初めて市場に出る新製品」「商品の販売に特殊な技術を必要とするもの」に適すると論じられる（前掲書，pp.336-338）。

一方，この間にスーパーマーケットの台頭がはじまっている。スーパーマーケットは食料品を中心とする日用品の大規模な廉売小売店である。規模の経済による仕入れコストの引き下げや，セルフサービスによる人件費の節減などによる販売に関わるコストの引き下げを行い，低価格で大量に販売する。日本では1953年，東京青山に紀ノ国屋が開店したのに始まり，1960年代に急速に拡大した。わずか10年間で小売業態売上げシェアで百貨店を抜いてトップに立った。セルフサービスの形態に加え，スーパーマーケットは，同種あるいは類似商品を扱う多数の小売店が中央本部の管理下に組織される，チェーン・オペレーションを採用している。これは1920年代から米国で発達し，小売経営の合理的形態とされる。

スーパーの台頭を思想面で支えたのが，いわゆる「流通革命」という議論である。これは，大量生産体制に対応する流通段階の急激な変化をさす。この語は第二次世界大戦後米国で用いられ，林（1962）の『流通革命─製品・経路および消費者』によって日本でも広まった。大量流通体制が進行し，小売段階ではサービス的要素を圧縮し，標準化された商品を大量に扱うスーパーマーケットなど，大型店舗が進出する。問屋・卸売など中間流通者の衰退または役割の変化がみられ，全体として流通ルートが太く短くなる傾向にあるという議論である。特に，問屋制度の不要，中抜き現象として，流通業の分業体制の変化が論じられ，その影響は大きかった。

このスーパーマーケットの急速な台頭により，小売業売上げ日本一の座を百貨店の代表者三越からスーパーマーケットのダイエーが奪うという事態に発展した。江戸時代から，長い歴史を持つ百貨店，三越は，1972年に，ダイエーにその小売業売上げ日本一の座を奪われた。

清水（1973）『百貨店のマーチャンダイジング』においては，「百貨店は追われる立場」（p.53）という認識が示されている。しかし，「百貨店は無視し

がたい重要産業グループ」(p.1) という認識は崩していない。この間，百貨店は，台頭するスーパーに対抗すべく，郊外に出店を加速している。結果，全国の百貨店店舗数は200店に迫る勢いとなった。

　いわゆる1973年10月に始まった石油危機，オイル・ショックによって百貨店も大きな危機を迎えた。第四次中東戦争に際し，OPEC（石油輸出国機構）は原油価格を一挙に4倍に引き上げ，その結果，日本は大きな打撃を受けた。また1979年にはイラン革命を契機に第二次石油危機が到来した。これによって，個人消費は落ち込み，百貨店は大きな影響を受けた。この間の百貨店の動きを，小山（1997，pp.68-69）は，「百貨店離れの加速」といった現象としてとらえている。

　これに対し，百貨店は，1970年代の終わりから1980年代，大きな費用を投入して店舗を改装する「リニューアル」によって，顧客の繋ぎとめと取り戻しをはかった。1978年秋の銀座松屋の大改装，1979年の伊勢丹新宿店などが，契機となって，大規模なリニューアルが相次ぐ。伊勢丹百年史によれば「新しい百貨店づくりをめざしたものであった」とされ，特に高級感を競い合った。これは，スーパーマーケットが，GMS（ゼネラル・マーチャンダイジング・ストア）に進化し，従来の食料品中心から衣食住全ての領域において，百貨店と競合するところから，高級感・グレードといった領域で差別化をはかろうと試みたものである。この試みは，いわゆるバブル経済と後に総称される1980年代後半の好景気時期に一定の成果を収める。1985年のプラザ合意を反映した金融緩和政策のため日本では株式や土地に資金が集中してこれらの価格をつり上げた。いわゆる資産効果の結果，その資産を背景とした消費は，美術品，宝石，特選ブランド，象徴的にはルイ・ヴィトン，ティファニー，グッチなどの購入という形で百貨店を潤した。

　しかし，1989年以降日銀が金融引締めに転じたため，株価や地価が急落，バブルは崩壊し，景気も極端に悪化，百貨店はその影響に苦しめられた。

　一方，80年代には，スーパーとは別に，ディスカウント・ストアなどの新しい業態の台頭があった。これらは，別名カテゴリー・キラーとも呼ばれる。カテゴリー・キラーと特定分野の商品群において圧倒的な品揃えを行い，低価格，大量販売をする小売業のことである。カテゴリー・キラーが出店すると，

商圏内の競合店の当該カテゴリーの売上高が低下し，取り扱いを止めてしまったり，部門廃止や縮小に追い込まれる。百貨店において，これらの業態の出現は大きな影響を与え，多くの商品カテゴリーから撤退することとなった。さくらや，ヨドバシカメラ等の台頭により，カメラや家電製品が百貨店の取扱品目から外れる。ヴィクトリア等のスポーツ用品店の台頭により，スポーツ用品がゴルフを例外として百貨店の取扱品目としては大幅に縮小になった。書籍，レコード，玩具，家具等も同じ経緯を辿っていく。百貨店は，文字通り「百貨」という文字に象徴される総合小売業から，ファッション・衣料・雑貨を中心に，加えて高級あるいは「センスのよい」特殊な家庭用品，高級な食料品その他に特化した存在に大きく変化していった。

ディスカウント・ストアは，低価格販売を基本戦略とする小売業態の総称である。低い価格，低マージン，高回転率を特徴としている。1990年代には，価格破壊の名において，価格決定の仕組みの変化をともなって物価が低下する現象も広まった。バブル経済崩壊以降，不況による供給過剰，円高による割安な輸入品の増加，逆輸入やNIEs諸国など新たな供給者が登場した。その担い手になったのが，各種商品におけるディスカウント・ストアの出現である。取扱カテゴリーの縮小は1990年代も続き，青山商事などの台頭により紳士服，ユニクロなどの台頭によって，今まで百貨店の経営を支えてきたファッション・雑貨の領域でも，低価格のものに関しては競争力を失った。百貨店は，結果として商品の「格上げ」を行い，高級品を主力に，百貨の名には相応しくないファッション・雑貨を中心とする特殊な業態に変化していった。

5　SCの歴史

SCは1930年代にアメリカで誕生し，50年代以降アメリカ全土に広がり，今ではアメリカの人々の生活に欠くことのできない商業施設となっている。これは，計画開発による商店街ともいえる。アメリカでは道路網の進展にともなって，郊外に大きな駐車場を持つショッピングセンターとして出現した。

日本では，東京都世田谷区の国道246号線沿いに1969年11月にオープンした「玉川高島屋SC」を皮切りに，急速に普及した。玉川高島屋SCは，日本初の本格的なアメリカ型の郊外SCで，百貨店の高島屋と128の専門店が一つ

の建物のなかで一体となって営業し，当時としては大きい1,000台を収容可能な駐車場を備えていた。

　SCは，デベロッパーが計画，開発した建物に，テナントと呼ばれる小売店，飲食店，サービス施設が入り，多様な商品，サービスを提供する商業施設であり，現在では，総SC数（2007年12月現在）2,804箇所となっている（日本ショッピングセンター協会HP）。SC総売上高（日本ショッピングセンター協会推計：2007年）は27兆1,633億円であった。これは，全小売業の総売上高に対し約2割を占め，百貨店の約6％，スーパーの約9％より大きなシェアを持っている。そして，この10年で大きくシェアを伸張させ，流通業のなかでも大きな成長を遂げている業態である。SCの店舗数，売場面積，売上高は大幅に伸長している。

　キーテナントのないSC，スペシャリティセンターとしては，「パルコ」「ラフォーレ原宿」，駅ビルでは東京の新宿，立川，北千住，埼玉の大宮，横浜の駅ビルにある「ルミネ」，千葉県船橋市の「ららぽーと」，新規に開業した「丸の内ビルディング」「六本木ヒルズ」などがある。キーテナントがあるSCの代表的なものしては，前述の「玉川高島屋SC」，青森県下田町の「イオン下田SC」などが存在する。SCは現在では，百貨店よりも業態として大きな存在であるが，スーパーとの地位逆転と比して耳目を集めることはなかった。その地位の逆転はいわば，「静かに」行われた。このSCを正面から取り上げた研究も非常に少ない。

6　本書の分析対象

　このような経緯を踏まえて，本書の分析の対象となる1990年代後半から，21世紀初頭にかけての百貨店及びSCを分析していく。現代の百貨店は，「百貨」を取り扱う存在ではない。GMS，ディスカウント・ストア等の台頭により，ファッション・雑貨の領域及び高級食材，家庭用品等でも高価格帯のもので収益を上げる存在である。昭和初期から，GMS，スーパー台頭までの時期には百貨店は，中小の小売商と商品的な競合があった。これは，中小小売店が取り扱う日常的な商品，最寄品をも百貨店が取り扱っていたことに起因する。明治期大正期の百貨店は，大正初年の三越の宣伝コピー「今日は帝劇，明

日は三越」[8]に象徴されるように，当時の「ブルジョアジー」の占有物であった。神野由紀（1994）は，その著『趣味の誕生　百貨店がつくったテイスト』においてこの社会的な影響について論じている。当時の百貨店は，呉服や高価な「舶来品」を主たる商品とする存在である。

しかし1923年の関東大震災をきっかけに，百貨店は日用品の取り扱いを開始し，中小小売店舗と競合する存在となり（鈴木，1980，pp.67-89；石原・矢作，2004，p.267），「大衆化」の道を歩むこととなる。今は，逆に，脱・大衆ともいうべき変化が百貨店に起きている。現代においては，中小小売商と百貨店が競合関係にあることは少ない。これは，スーパー，GMSの台頭以降，百貨店が商品を高級化させ，ファッション・雑貨・特選ブランドなどの品目に注力した構造変化の結果である。1980年代後半から百貨店は相次いで大規模なリニューアルを行い，カテゴリー・キラーに侵食された商品群を切り捨て，高級化を行った。大正大震災をきっかけとした百貨店の大衆化が，スーパーの台頭をきっかけに修正され高級化の道を志向する。これは1980年代後半のリニューアルによって完成し，バブル経済の時期に絶頂を迎えた。そして，バブル崩壊後の消費不況の時期を経て，現在の百貨店の存在がある。これは，大衆化から高級化，というドメインの変更である。

対してSCは，まだ歴史が浅く，百貨店のような経緯はないものの，現代の小売業のなかにおいて非常に大きな存在である。しかし特に学界においてはほとんど分析の対象にはなっていない。本稿はこの21世紀における二つの業態を対象に考察をすすめる。

【第1章注釈】
1) 平成10年成立。平成12年改正。
2) 概ね1,000㎡。
3) 小売業の代表的な業態としては，百貨店，量販店，専門店とするのが通例ではあるが，ここでは日本ショッピングセンター協会の表記，資料に従い，量販店を総称してスーパーと表記する。
4) Martinez, C. (2002), *The Hard Road to the Softer Side*.（邦訳：菊田良治訳（2004）『巨大百貨店再生　名門シアーズはいかに復活したか』日経BP社）
5) 問屋（とんや）は，中世に遠地間の商業において発生したといわれる。問屋と卸売は

ほぼ同義である。生産者から大量に商品を買い付け，これを小売商や工場他に販売する。一般に取扱品目別に専門化しており，商品流通段階での数量や品質の調節，あるいは需要の増減に関する調整を容易にし，取引費用の節減に寄与する。
6) 田島義博・原田英生編著（1997）『ゼミナール流通入門』日本経済新聞社，pp.86-87。
7) その他の百貨店システムを批判したものとしては小山（1970），下川（1990），小山（1997），小川（2000），柳沢（2002）など多数。
8) 嶺隆（1996）『帝国劇場開幕　今日は帝劇　明日は三越』中央公論社。

第2章
百貨店衰退論の整理と反証

1 百貨店・SCが置かれている「業界」は衰退しているのか

　戦略論においては，その産業がおかれた環境が重視される。産業組織論は，公正な競争を促進して消費者の利益を保護する立場から，企業の独占による弊害を除去するために，産業が独占状況に至る条件を研究する。ポーター（M. E. Porter）はその条件を企業戦略立案に利用し，企業が優位を得るのはどのような産業構造かをモデル化した。すなわち，業界構造分析（structural analysis of industries），ファイブフォース・モデルである。これは，競争戦略論（strategy for competitiveness）の分析フレームワークで，「新規参入の脅威」「競争企業間の敵対関係の強さ」「代替製品の脅威」「顧客の交渉力」「供給業者の交渉力」の五つの要因をもとにして業界の競争状態を明らかにする手法である。これによって，その産業の魅力の度合いが決定される。

　これに基づいて百貨店・SCの環境を分析する。百貨店・SCが所属している業界は「衰退[1]」しているのであろうか。そのために，百貨店・SCはいかなる業界に属するのかを定義しなくてはならない。百貨店は，それ自体で一つの「業界」と呼ぶには相応しい存在ではない。またSCも同様である。なぜなら，そこには，百貨店，SCそれぞれにその業態でしか取り扱っていない製品もサービスも存在しないからである。そして，業界の区分は，Levitt（1962）[2]のMyopiaという議論にもあるように簡単ではない。もちろん，小売業に所属するが，小売業は業界構造分析の意味において分析できない。例えば「製造業」のそれを論じるのと同様，範囲が広過ぎ，すなわち，取り扱う財（goods）が多様過ぎて同じ市場とみなすことができず無意味である。

それゆえ，百貨店を単独の産業というには不適当である．またSCも同様である．全く同様の商品が百貨店以外でも売られている．また，付帯するサービスについても，ほぼ同様なものを提供している業態はいくつかある．例えば，百貨店，GMS（ゼネラル・マーチャンダイジング・ストア），SC（ショッピングセンター）などが存在する．これらの「業態」の衣料品等の売場を，例えば写真にとって一見した場合，それらがどの業態なのかを見分けることは難しい．

 百貨店（department store）とは，前述の通り，一つの店舗のなかで部門別管理方式のもとに，買い回り品，専門品を中心に多種多様な商品を取り揃えて販売する大規模小売店であると基本的には定義される．米国では，プロモーショナル・デパートメント・ストア（promotioal department store），すなわち，比較的低いプライス・ラインの商品を取り揃え，価格訴求を特徴とする百貨店，ジュニア・デパートメント・ストア（junior department store），すなわち，小型の百貨店を意味し，第二次世界大戦後，郊外に展開し始めたショッピングセンターの店舗として都市中心部に位置する旧来の百貨店を本店とする小型百貨店がチェーン化されて出店される形式，などが存在し通常アメリカにおける百貨店はそれを指す．日本では通常，イトーヨーカドー，ジャスコといったGMS（General Merchandise Store）などは「百貨店」としては分類されないが，これらはアメリカにおける百貨店と区別できない存在である．

 明確な区別が難しいならば，これらを一つの「業界」としてみなしたほうがより適切ではないか．定着した名称ではないが，衣食住を取り扱う総合「大型店」業と呼ぶべき業界である．日本標準産業分類も基本的にこの立場に立つ．商業統計のもとになる日本標準産業分類においては常時雇用者50人以上という規模を基準に分類し，結果として，GMSと百貨店に区別はない．また，法律面においても，大規模小売店舗立地法は，店舗面積1,000㎡超のものを対象としている．このなかに主として本稿で取り扱う，伊勢丹，高島屋に代表される狭義の百貨店，イトーヨーカドー，ダイエー，ジャスコに代表されるGMS，そして，ルミネ，パルコ，丸ビルや六本木ヒルズに代表されるショッピングセンター（SC）が含まれる．

13

では，この大型店業の市場はどうなっているのか。まず，市場の規模を統計からみてみたい（図表2-1）。

図表2-1　産業分類に基づく小売業と百貨店業

産業分類	年次	商店数			従業者（人）	年間販売額（百万円）	商品手持額（百万円）	売場面積（m²）	昭和47年を100とした対比		
			法人	個人					従業員	年間販売	売場面積
小売合計	昭和47年	1,495,510	265,686	1,229,824	5,141,377	28,292,696	3,009,040	61,108,675	100	100	100
	昭和49年	1,548,184	293,923	1,254,261	5,303,378	40,299,895	4,772,992	67,405,931	103	142	110
	昭和51年	1,614,067	332,238	1,281,829	5,579,800	56,029,077	6,170,811	74,973,890	109	198	123
	昭和54年	1,673,667	380,973	1,292,694	5,960,432	73,564,400	8,078,519	85,736,815	116	260	140
	昭和57年	1,721,465	435,822	1,285,643	6,369,426	93,971,191	10,010,680	95,430,071	124	332	156
	昭和60年	1,628,644	449,309	1,179,335	6,328,614	101,718,812	9,892,947	94,506,983	123	360	155
	昭和63年	1,619,752	503,728	1,116,024	6,851,335	114,839,927	11,445,925	102,050,766	133	406	167
	平成3年	1,591,223	564,642	1,026,581	6,936,526	140,638,104	13,907,495	109,901,497	135	497	180
	〃（※）	1,605,583	571,182	1,034,401	7,000,226	142,291,133	14,071,891	109,901,497	136	503	180
	平成6年	1,499,948	581,207	918,741	7,384,177	143,325,065	14,547,627	121,623,712	144	507	199
	平成9年	1,419,696	586,627	833,069	7,350,712	147,743,116	14,645,854	128,083,639	143	522	210
百貨店	昭和47年	855	854	1	226,799	3,085,986	270,274	5,028,455	100	100	100
	昭和49年	1,285	1,284	1	303,505	5,495,615	544,096	7,548,484	134	178	150
	昭和51年	1,547	1,547	0	324,638	7,757,309	700,564	9,048,520	143	251	180
	昭和54年	1,986	1,985	1	361,480	10,490,905	957,045	11,281,801	159	340	224
	昭和57年	1,754	1,754	0	377,254	12,489,933	1,193,402	12,180,486	166	405	242
	昭和60年	1,827	1,827	0	380,711	13,694,070	1,184,559	13,174,388	168	444	262
	昭和63年	1,911	1,911	0	393,686	15,700,251	1,213,365	14,296,352	174	509	284
	平成3年	2,004	2,004	0	427,413	19,573,607	1,459,504	16,006,566	188	634	318
	〃（※）	2,161	2,161	0	438,651	19,845,563	1,465,851	16,257,797	193	643	323
	平成6年	2,267	2,267	0	477,919	19,976,263	1,547,855	18,518,394	211	647	368
	平成9年	2,364	2,364	0	488,996	20,626,930	1,549,027	21,188,438	216	668	421

出所：「商業販売調査」産業細分類別, 年次別の商店数, 従業者数, 年間販売額, 商品手持額, 売場面積より筆者作成

この産業分類の「百貨店」の定義は，衣食住の各種の商品を販売する事業所であって常時50人以上のものをいうとあるため，一般的にいう百貨店に加え，本稿でいうGMS，すなわち大型スーパー，SCが含まれる。昭和47年を100として，直近の平成9年と比較した場合，小売業全体では，売上げ規模で約5倍の拡大に対し，百貨店等大型店では7倍弱の伸びである。従業員数，面積の伸びも大きい。

 すなわち，百貨店・SCが所属する業界は，ポーターの分類における「衰退業界」ではない。統計の示すところによれば，この「大型店業界」の規模は拡大している。衰退業界の特徴である競争業者の数の減少どころか，近年においても活発な新規参入や大規模な設備投資が行れている。丸ビル，六本木ヒルズの開業，新宿高島屋，JR京都伊勢丹，JR名古屋高島屋など，ここ十年をとっても大規模な開店があった。さらに日本橋三越の新館・大増床という規模の大きい投資，大丸東京の移転増床があった。日本橋東急やそごう，あるいは地方百貨店の閉店に注目が集まっているが，むしろ，店舗面積がここ数年でも大きく増えている。さらに，その店舗面積の増加に大きく寄与しているのはSCの存在である。これは，ポーターの分類でいえば，衰退業界というより，多数乱売業界，すなわち，企業が多数しのぎを削っている状態であって，どの企業も主導権を取ってマーケット・リーダーになれるほどの市場シェアを握っていない（M. E. Porter, 1985, p.259）という業界の構造である。

 一般的傾向としてみるならば，他業態の小売企業の目覚ましい発展が注目されるなかで百貨店はかつての流通業の代表たる地位を失ったことは事実である。他の総合大型店，ビッグ・ストアの様々な形態のなかの一つという地位である。しかし，業界全体としては衰退しているとはいえない。

 1960年代の初め，日本でもスーパーマーケットが成長するなかで，「流通革命」という議論があった。これは，高度成長期において大量生産と大量消費が進行している事実に着目し，流通においても大量流通体制を基軸とする効率化が迫られるであろう，と予測するものであった。この議論は，日本の流通の特徴である，零細・多段階制を効率化することを説いた。生産が大規模化し，小売段階においてスーパーマーケットなどの大規模小売業が中心となり，中小卸売業者などは淘汰され，いわゆる「問屋無用論」の魁となった。

しかし，流通革命論は，1930年代以降のアメリカの状況を日本へ応用した議論である。歴史的あるいは地理的条件が異なるということを考えれば，その議論をそのまま受け入れることはできない。企業は，アメリカを手本にして，直線的に発展するというような単純な前提がそこにはある。しかし，日本は豊かになり，消費者の成熟のなかで，小売業は，個性化・多様化が求められている。これは大量で安価な商品を効率的に提供することだけを必ずしも日本の消費者が求めていないということである。少量多品種生産体制，そして頻繁に商品が入れ替わる製品ライフサイクルの短さを前提にした効率性が，日本では求められている部分もある。特に本稿で論じている百貨店の主力商品，ファッション・衣料，雑貨においてはこの傾向は顕著であろう。

　このなかで，現代でも百貨店は，衰退をしているわけではなく，日本の大型小売業のなかで，消費者に支持をされている，流通業の一翼を担うシステムである，といえる。そしてSCは，注目度はともかく，実態としては大きく伸張している。

　本稿は，百貨店についてその衰退の原因を探り，再生への方向性を得ようとするものである。また，SCという業態の戦略についても議論する。その意義は，その規模の大きさによって担保される。一般的に，百貨店の市場規模は8兆円[7]とされ，代表的な企業，高島屋，三越，伊勢丹等は概ね5,000億円以上の売上げを持つ。店舗単位でいっても，2,000億円程度の売上げを持つ店舗は数多くある。そしてそこに所属する従業員数も多く，地域社会に対する影響ははかりしれない。1990年代終わりにおける株式会社そごうの経営危機と，店舗の閉鎖は，百貨店に改めて注目を集めた。そごう経営危機の原因は，過剰な投資とそれにともなう利子負担に求められ，直接に，「百貨店の衰退」と関わるものではないと考えられる。しかし，新聞等の論調としては，百貨店の衰退とそごうの店舗閉鎖とが結びついて議論されていた。

　一方で，SCの隆盛についてはほとんど注目を集めてこなかった。しかし，SCの規模は，百貨店の約3倍に達し，まだまだ急成長を遂げている。これについて，正面から取り上げた研究の蓄積は乏しい。これはSCが小売業と不動産業の両方の側面を持ち，従来の流通論の範疇から取り扱うことが難しかったことが大きいと思われる。

2　業態としての百貨店・SC，競合する業態

　業態とは，流通業の業界内における競争を分析する際，企業をいくつかのグループに分類するための分類方法である。戦略論でいう，戦略グループである。軸としては，価格とサービスという二軸や，品揃えと販売方式という二軸などが，小売業態を分類できるものとして取り上げられる。この小売業態について，同様にライフサイクル的なアプローチとしては，いわゆる「小売の輪の仮説」がある。これはこの業態を，ライフサイクル的にその変遷を分析するものである。しかし，その仮説には多くの批判がある。さらに，同じ名で呼ばれる業態であっても，イノベーションによって内容がまったく異なるということもある。例えばPOSの登場以前のスーパーと現在のそれは，同じ業態と呼ぶには相応しくない。すなわち，業態の名にこだわると内容を見誤る。問題とすべきなのは，現在の百貨店，GMS，SCの持つビジネス・アーキテクチャの効率なのである。

　本稿では，大型店業界に位置する三つの代表的業態について，それらが持つアーキテクチャの特徴とその効率を見ていきたい。

　その三つとは，百貨店，GMS，SCの三つである。これらは，ファッションを中心に衣食住の領域の商品を取り扱う大型店舗という共通点がある。

　百貨店は，伊勢丹，高島屋，三越，西武・そごうに代表され，対面販売を機軸とし，オペレーションの特徴としては，仕入れの形態は「委託・消化」であり，チェーン・オペレーションは一部で行われているが，基本的には店舗の独立性が強い運営である。

　GMSは，イトーヨーカドー，ジャスコ，ダイエーに代表され，百貨店同様，衣食住の領域の商品を取り扱う大型の店舗であるが，百貨店に比べ，商圏が狭く，食料品の比率が若干高い。オペレーションとしては，チェーン・オペレーションを主軸とし，基本的には買取で仕入れを行う。

　SC（ショッピングセンター）については，詳しくは後述するが，ルミネ，パルコ，六本木ヒルズ等に代表され，その特徴としては，他の大型店舗とは違い，建物の設置者（デベロッパー）と，商品の販売者（テナント）が異なる。デベロッパーは，個々の商品単位ではなくテナントの単位でいわば「仕入れ」

を行い，家賃，あるいは売上げの比率に応じた金額を得る。

図表2-2　大型店業界を構成する主たる業態とその特徴

名称	百貨店	GMS	SC
接客方法	対面販売	集中レジ	多様
仕入形態	委託・消化	買取	（家賃）
店舗運営	店舗独立型	チェーン・オペレーション	デベロッパー
代表企業	伊勢丹・高島屋	イトーヨーカドー・ジャスコ・ダイエー	ルミネ・パルコ・ららぽーと
業界団体	百貨店協会	チェーンストア協会	ショッピングセンター協会

出所：筆者作成

3　百貨店衰退論の整理

　SCを分析する前に，より伝統的な業態，百貨店について，いわゆる「百貨店衰退論」を類型化し，整理する。いわゆる「百貨店衰退論」を，SCの隆盛，GMSの停滞という21世紀初頭における状況と合わせて分析すると今までの議論の限界が見えてくる。

　本稿では，①流通及び百貨店を対象とする研究者の知見に加え，②百貨店を対象とするマス・コミの論調，③百貨店経営者の言説その他を含めて整理をしていく。

　通常の学術研究ならば，①研究者の知見を整理し，先行研究として位置付けるだけで十分と考えられるが，本稿においては，②以下を含めて多面的に整理を行う。

　なぜならば，百貨店を対象とする研究は，例えば，自動車産業などのそれと比較すれば，また同じ流通業のなかでも，コンビニエンス・ストアの研究に比較して相対的に少なく，1990年代以降の現代に関する百貨店研究は特に乏しいこと。加えて百貨店は変化が激しいこと，そして，研究者，マスコミ，経営者が，「百貨店は衰退し，その原因は返品制度にある」という一つの論調に支配されていることを示すためである。本稿は，この百貨店衰退論の立場[8]

に立たず，それを批判しようと試みるが，この三者が一つの論調に支配され，いわば，prejudiceがそこに存在すると考えられる。そして，その三者が相互に影響を受けているために，他の言説を受け入れがたい構造になっている。

百貨店の衰退の原因が明らかで，広く受け入れられているならば，それに対応し，戦略を変更することによって百貨店は発展するはずである。しかし，現実はそうなっていない。これは，その分析すなわち，「返品制度を主因とする百貨店衰退論」自体が誤りか，あるいは「その制度を正す経営が行われていない」のどちらかであるはずである。本稿はまず，「返品制度を主因とする百貨店衰退論」自体が誤りという作業仮説のもとに分析を進める。

最初に研究者の知見を整理していく。

百貨店の研究は1960年代においては土屋（1967）がある。これは百貨店が唯一の代表的な流通産業であり，他の零細な商店を圧していた時代の議論で百貨店衰退論の影はない。

林（1962）の『流通革命―製品・経路および消費者』は，小売段階でのサービス的要素を圧縮し，標準化された商品を大量に扱うスーパーマーケットの発展を論じ，1970年代では，清水（1973）の『百貨店のマーチャンダイジング』において，「百貨店は追われる立場」（p.53）という認識を示している。以降，スーパーマーケットの台頭，オイルショック，バブル時代とその崩壊を経て消費不況下の現代に百貨店は存在する。

現代の百貨店の代表的な論者は，小山（1997），江尻（2003），田島（2004）であろう。

小山（1997）は，日経文庫という手に入りやすく，実務家にもよく読まれている書籍である『現代の百貨店』において，返品制度に主軸をおいた百貨店の衰退を記述し，百貨店の経営に間接的な影響を与えている。

江尻は，1970年代から百貨店の分析を行ってきたが，その大著『百貨店返品制の研究』は，江尻のライフワーク（p.vi）であり，筆者の1979年以来の百貨店研究の集大成といえるものである。ここで，百貨店の苦戦の原因を，仕入れ形態（委託・消化），すなわち返品制度に求める。これは，日本の百貨店の特徴である消化・委託販売，それに付随する派遣店員制度を百貨店苦戦の根本原因とする議論である。

田島（2004, pp.13-15)[9]は，日本の流通研究において，違い（difference）と遅れ（backwardness）を峻別しなくてはならないとしている。これは，日本の流通研究が，零細性・過多性・多段階性の克服による合理化という呪縛に捕われ，直線的発展論（松岡，2000）に陥っているのではないかという反省の言であり，田島は，「日本流通の固有性（uniqueness）」を正しく評価すべきだとしている。しかしながら，田島は，返品制度を「後進性」として分類している。

　では，これら代表的な論者に共通する「返品制度による百貨店の衰退」論とは何か。百貨店と卸売企業との取引形態には，「買取仕入れ」「委託仕入れ」「消化仕入れ」の三形態が存在する。1990年代は委託が中心であったが，現在は消化仕入れに中心が移りつつある。これは，所有権の移転と販売リスクの負担の主体によって概ね次のように整理される。「買取仕入れ」では売買契約にともなって「所有権」は買手に移転するため，販売リスクも買手に移転する。

　「委託仕入れ」は，商品を仕入れるものの，売れ残りは返品できるという制度である。販売にともなう売れ残りのリスクは卸売が負担する。

　「消化仕入れ」の場合，商品の仕入れといった所有権の移転が行われない。消費者が店頭で商品を購入したときに，小売業者も卸売企業から商品を仕入れたことにするように，帳簿上で処理する制度である。

　江尻（2003）によれば，返品制を最初に採用したのはオンワード樫山で，昭和28年頃に導入されたとされる。オンワード樫山は返品を積極的に受け入れ，百貨店の好意を獲得しながら，他方で消費者の選択に必要な自社の全商品を揃えることを許してもらい，自社商品を売りやすくするシステムを採用した。江尻は，「返品」と「消化仕入れ」「委託仕入れ」を併せて「返品制」と呼んでいる。江尻は百貨店低迷の現況は，この「返品制」にあるとしている。ではなぜ，返品制というシステムが，百貨店の苦戦の原因とされるのか。

　返品制への批判は，①これによって，価格決定権を喪失した（江尻，2003, pp.286-94），②売場貸し業に転落した（江尻，2003, pp.295-310）に集約できるであろう。販売にともなう売れ残り廃棄ロス，及び人件費（派遣店員制度）を卸・問屋側に負担をさせ，百貨店側はそれらを負わない。この点だけを考えれば，百貨店は有利なはずである。にもかかわらず，百貨店低迷の状況に

陥ったのはこの二つが原因であったとしている。浅羽・新田（2004, p.190）も同様の議論を展開している。

次に，百貨店を対象とするマス・コミの論調を整理する。その代表として取り上げるのは，日本経済新聞社とストアーズ社である。前者の産業界に対する影響力は非常に大きいと考えられる。加えて，流通分野においては，日経MJ（日経流通新聞が改称）を発行している。ストアーズ社は，『週刊デパートニュース』『月刊ストアーズレポート』をはじめとした，百貨店及び大型流通業界の新聞・雑誌の発行や流通業界に関する刊行物の発行をし，特に『月刊ストアーズレポート』を通じて百貨店関係者に大きな影響力を持っている。

まず，日経新聞社は，日経流通新聞において，1993年に半年をかけて「百貨店が危ない」と題して連載を行った。これは，日本百貨店協会が，百貨店の再生を考える勉強会の教材として使用されるなど，業界内にも強い影響を与えた。1993年には，日経流通新聞編『百貨店が危ない　構造不況に出口はあるか』（日本経済新聞社）として出版されている。これは，主たる論点を「低収益・高コスト構造」にあるとするが，その原因を，委託取引に求めている（pp.54-56）。そして，カテゴリー・キラーとの価格競争に敗れる可能性や，問屋依存の商品政策，その結果としての低い粗利益率が問題だと指摘している。概ねの論旨は，江尻と同様に，問屋依存と委託として論じられる返品制度に百貨店衰退の原因を求める。

ストアーズ社は，発行する各刊行物を通して，百貨店業界に大きな影響力を持っているが，1998年に『21世紀百貨店の挑戦』を出版して[10]，「百貨店は21世紀に生き残ることができのか」をテーマにこの課題を分析している。その書の冒頭において，現代の百貨店を「ブランドショップ集合体」という言葉で象徴している。

では，これら学会，マスコミの論調を受けて，百貨店の経営者は百貨店の衰退についてどのように考えているだろうか。元三越常務の岩瀬敬一朗は[11]，その著書のなかで，百貨店衰退の原因として，①価格決定権を失ったこと，②百貨店のなかに目利き職人が居なくなったこと，③商品は取引先任せ，売場管理は不動産管理業的，④店員のサラリーマン化，⑤時代変化を十分に飲み込んでいない，と述べている。前者三つは，江尻の「返品制度にる百貨店

衰退」の論旨と符合する。百貨店協会の菊池（2001）は，流通コンサルタント川端準治とともに百貨店を分析し，『百貨店はこうありたい 百貨店再生への道しるべ』[12]をまとめている。その第3章（pp.107-138）において，仕入れ形態による価格決定権の喪失，主体性の欠如を百貨店の問題点として指摘している。これらだけではなく，百貨店の経営者の発言には，この返品制への批判，自主性を失ったことへの反省の言が多い。経営者が，現場で販売，仕入れを担当していた時代の自主性から，現代の百貨店は乖離してしまったという反省の言である。

このように研究者，マスコミ，経営者が，「百貨店は衰退し，その原因は返品制度にある」という一つの論調が支配的とされている。もちろん，そこには例外もあって，例えば伊藤（1998）は，比較的中立の立場を取り，委託販売のメリットも強調する[13]。しかし，百貨店の委託返品制度による百貨店衰退説は広く受け入れられているといえるだろう。

4　返品制度は真因なのか

現代の百貨店衰退論は，主として返品制を主因とみなしている。そして，それは学界のみならず，いわゆるマスコミの論調であり，百貨店の経営者の意見とも一致する。

江尻の①価格決定権を喪失，②売場貸し業に転落という指摘は，たしかに現状の百貨店が置かれている状況を示している。つまりは，外部のブランド，テナントの導入を行ったが故に自主性を失い，価格競争力を喪失したという議論である。百貨店の現場においても二つに対する懸念は多く指摘されている。では，これらが，百貨店の効率を下げている，百貨店の危機の本質なのであろうか。

まず，百貨店の効率を見てみたい。小売業の効率は売場面積当たりの売上高あるいは人当たり（人頭）の売上高で比較されることが多い。ただし，人当たりの売上げは，派遣店員問題とパート，アルバイトをどのように算定するかに統一の基準がないために実際には比較はできない。ここでは，大型店の売場面積当たりの売上高比較をしてみる（pp.24-25，図表2-3参照）。

百貨店の上位100店の平均的な1㎡当たりの売上高は15億8,800万円である。

これは，日本に立地する全てのGMSの効率を上回る。GMSで最も1㎡当たりの売上高が高いのは，大井町のイトーヨーカドーの14億4,200万円である。SCにおいては，渋谷の「109」が22億4,100万円と，百貨店店舗上位100店平均を上回るが百貨店の上位には及ばない。ここでは，百貨店の効率が高いように見える。

　これに対しては，百貨店のほうが，都市部であっても地価の高いよい立地にあるからだという指摘があるかもしれない。しかし，ほとんど同一のビルに属する百貨店，池袋西武とSC業態である池袋パルコでも2倍の開きがある。また，郊外においても，船橋，大宮，八王子等の百貨店，SC，GMSを詳細に比較するに，GMS，SCに比較して百貨店のほうが優位であることがわかる。[14]

　これでみる限り，百貨店の面積当たりの効率は，GMSあるいはSCよりも概ねよい。そしてそれは都心においては差が顕著であり，地方，郊外ではその差が少なくなっていく。百貨店が，「価格決定権を喪失した売場貸し業」であっても，顧客にとっての魅力は失われていない。これが，本稿の冒頭で述べたように，この消費不況下にあっても都心の百貨店において売場の賑わいとして現れている。現代の百貨店というValue Chain（価値連鎖）は，GMS型やSC型のそれよりも，少なくとも，同じ面積から高い生産性を創出している。

　では，この高い価値を創出する百貨店のValue Chainとは何か。Value Chainとは企業活動は相互に連結関係（linkage）を持ち，全体として買手のための価値を創造している，というものである。価値の連結をうまく管理することが競争優位の源泉である。競争優位を獲得するには企業の価値連鎖をそれぞれの機能の集合としてではなく，トータルのシステムとして管理する必要がある。

　現代の百貨店は，「返品制による場所貸し・不動産業」だという批判にもかかわらず，高い生産性を創出している。

　現代の百貨店は，供給先，ここでは卸売業から見れば，販売という行為を自社の派遣店員制度を通じて垂直統合をした状態である。もちろん，その統合は，百貨店側のシステムと深く融合し依存した取引の形態となる。この取引は，市場原理ではなく，オープン性を保持しながら現場販売，補充発注と

figure2-3　大型店舗の面積当たり売上（売上上位20店舗）

順位	企業	店舗名	SC 売上 (百万円)	面積 (m²)	1m²当たり 売上 (百万円)
1	ティー・エム・ディー	SHIBUYA109	22,900	10,220	2.241
2	森ビル流通システム	ラフォーレ原宿	14,821	6,617	2.240
3	フラッグス	フラッグス	17,228	9,799	1.758
4	パルコ	池袋パルコ	30,105	19,283	1.561
5	パルコ	札幌パルコ	21,449	13,993	1.533
6	パルコ	調布パルコ	20,747	15,373	1.350
7	パルコ	名古屋パルコ	40,891	33,236	1.230
8	横浜岡田屋	横浜岡田屋モアーズ	29,508	25,867	1.141
9	イムズ	イムズ	11,555	10,256	1.127
10	西鉄天神ソラリア	ソラリアプラザ支社	12,757	11,403	1.119
11	パルコ	吉祥寺パルコ	10,806	9,902	1.091
12	パルコ	渋谷パルコ	22,127	20,732	1.067
13	十字屋	河原町オーパ	10,391	9,811	1.059
14	イオン	仙台フォーラス	10,969	10,784	1.017
15	十字屋	心斎橋オーパ	13,063	13,467	0.970
16	パルコ	ひばりケ丘パルコ	11,414	12,840	0.889
17	パルコ	津田沼パルコ	13,532	15,310	0.884
18	十字屋	キャナルシティオーパ	16,726	19,157	0.873
19	パルコ	千葉パルコ	14,840	17,982	0.825
20	パルコ	広島パルコ	13,098	19,668	0.666
上位20店平均			358,927	305,700	1.174

出所：日本経済新聞社「新・ビッグストア調査」（日経MJ編『流通経済の手引2003』所収）から加工

いった部分の機能をアウトソーシング（outsourcing）した，問屋・卸・供給先と結びついた関係とみなすことができる。現代の百貨店システムは，いわば「中間組織」を形成している。この「中間組織」たる百貨店は，なぜ形成されたのか。そして，面積当たりにおいて他システムに比して高い生産性を持っているのは，なぜか。

		百貨店			
順位	企業	店舗名	売上 (百万円)	面積 (m²)	1m²当たり 売上 (百万円)
1	西武百貨店	池袋西武	270,814	63,470	4.267
2	伊勢丹	新宿本店	239,401	64,296	3.723
3	高島屋	東京	164,943	49,457	3.335
4	阪急百貨店	梅田本店	196,932	67,143	2.933
5	三越	銀座	65,283	24,056	2.714
6	三越	本店	301,650	117,546	2.566
7	高島屋	横浜	175,333	70,037	2.503
8	京王百貨店	新宿	100,439	41,294	2.432
9	大丸	大阪・心斎橋	89,378	37,490	2.384
10	小田急百貨店	新宿	114,814	48,717	2.357
11	高島屋	大阪	154,976	69,299	2.236
12	東急百貨店	本店	146,493	71,468	2.050
13	近鉄百貨店	阿倍野本店	148,257	73,097	2.028
14	高島屋	玉川	43,786	21,621	2.025
15	松屋	銀座本店	65,050	32,182	2.021
16	三越	仙台	44,415	22,350	1.987
17	大丸	神戸	98,232	50,656	1.939
18	山形屋	山形屋	62,277	33,236	1.874
19	松坂屋	上野	66,683	35,622	1.872
20	阪神百貨店	阪神百貨店	107,708	57,674	1.868
	上位20店平均		2,656,864	1,050,711	2.529

5　中間組織としての「百貨店」「SC」

　企業はその活動のどこまでを企業内で行うのか，どこまでを他企業から購買し，また他企業に委託し，あるいは共同で行うのかは「企業の境界（boundary of the firm）」をどこに設定するかという問題である。アウトソーシングの決定はこの内製か，外注か，make or buyの選択として議論される。百貨店業においては，「返品制度」導入によって売場貸し業になり価格決定権を喪失し

図表 2-4　経済産業省「商業統計」平成 14 年「業態従業者数・売上など」

業態分類	事業所数	従業者数（人）					臨時雇用者数（人）
		計	個人事業主及び無給家族従業者	有給役員	常用雇用者		
					正社員・正職員	パート・アルバイト等	
合計	1,300,057	7,972,805	1,135,049	595,709	2,394,242	3,847,805	167,704
百貨店	362	143,527	-	632	83,842	59,053	6,170
大型百貨店	323	135,980	-	568	80,761	54,651	6,153
その他の百貨店	39	7,547	-	64	3,081	4,402	17
総合スーパー	1,668	379,549	-	122	73,787	305,640	5,569
大型総合スーパー	1,499	359,556	-	81	69,881	289,594	5,233
中型総合スーパー	169	19,993	-	41	3,906	16,046	336
専門スーパー	37,035	1,134,294	2,122	14,736	251,039	866,397	15,409
衣料品スーパー	6,324	77,694	450	2,065	15,401	59,778	820
食料品スーパー	17,691	782,804	1,104	8,146	162,069	611,485	10,581
住関連スーパー	13,020	273,796	568	4,525	73,569	195,134	4,008
うちホーム	4,358	125,733	126	1,076	31,507	93,024	1,696
コンビニエンスストア	41,770	596,339	31,013	30,280	37,926	497,120	14,952
うち終日営業店	32,431	515,749	23,265	22,546	28,326	441,612	13,141
ドラッグストア	14,664	113,937	4,568	8,163	37,109	64,097	950
その他のスーパー	65,011	429,724	46,092	34,612	96,424	252,596	8,654
うち各種商品取扱店	782	8,708	154	288	2,142	6,124	168
専門店	775,847	3,668,988	680,937	341,657	1,278,583	1,367,811	82,096
衣料品専門店	106,134	344,563	78,138	38,126	116,117	112,182	5,495
食料品専門店	204,171	947,300	226,373	66,198	210,078	444,651	25,115
住関連専門店	465,542	2,377,125	376,426	237,333	952,388	810,978	51,486
中心店	361,470	1,495,784	368,855	164,404	531,867	430,658	33,512
衣料品中心店	65,579	251,341	53,769	31,272	85,548	80,752	4,967
食料品中心店	140,172	515,877	175,090	45,271	107,821	187,695	15,100
住関連中心店	155,719	728,566	139,996	87,861	338,498	162,211	13,445
その他の小売店	2,230	10,663	1,462	1,103	3,665	4,433	392
うち各種商品取扱店	2,086	9,527	1,288	1,070	3,311	3,858	390

第2章 百貨店衰退論の整理と反証

出向・派遣受入者数(人)	パート・アルバイト等の8時間換算雇用者数(人)	年間商品販売額(百万円)	その他の収入額(百万円)	商品手持額(百万円)	売場面積(m²)	販売効率(万円)			売場面積1m²当たり年間商品販売額
						1事業所当たり年間商品販売額	従業者一人当たり年間商品販売額(パート・アルバイト等は8時間換算値で算出)	就業者一人当たり年間商品販売額(パート・アルバイト等は8時間換算値で算出)	
300,065	2,334,265	135,109,295	5,464,198	12,795,137	140,619,288	10,393	1,950	2,089	73
194,823	42,713	8,426,888	238,131	572,365	6,998,065	2,327,870	2,568	6,626	117
193,865	40,049	8,055,466	229,212	557,557	6,969,677	2,493,952	2,506	6,637	116
958	2,664	371,422	8,919	14,808	28,388	952,364	5,475	6,394	384
12,699	188,810	8,515,119	99,168	676,623	14,706,536	510,499	3,030	3,241	58
12,298	178,834	8,061,796	90,702	647,852	14,184,871	537,812	3,027	3,240	57
401	9,976	453,323	8,466	28,771	521,665	268,239	3,092	3,256	87
8,575	509,312	23,630,467	213,756	1,912,158	34,769,510	63,806	2,949	3,037	68
1,877	37,956	1,583,349	3,905	252,375	3,941,211	25,037	2,703	2,820	40
4,291	354,589	15,903,759	86,713	525,675	16,386,381	89,897	2,941	3,023	97
2,407	116,767	6,143,359	123,139	1,134,107	14,441,918	47,184	3,044	3,135	43
1,416	55,698	3,075,939	17,921	543,468	8,392,302	70,581	3,361	3,462	37
1,320	256,194	6,713,687	90,749	228,343	4,481,071	16,073	1,806	1,888	150
858	227,841	5,718,584	79,290	175,398	3,603,220	17,633	1,810	1,893	159
1,241	38,238	2,494,944	8,264	345,088	3,227,012	17,014	2,764	2,822	77
3,053	160,790	6,491,695	75,319	601,492	8,131,245	9,986	1,857	1,918	80
97	4,146	191,328	1,459	20,809	312,876	24,466	2,735	2,842	61
37,671	831,159	52,414,700	3,110,437	5,470,276	43,280,624	6,756	1,612	1,671	70
4,527	94,813	4,411,983	41,719	958,454	7,230,747	4,157	1,308	1,343	59
11,306	279,572	7,410,264	99,738	257,970	6,864,983	3,629	905	946	85
21,838	456,774	40,592,454	2,968,980	4,253,853	29,184,894	8,719	1,936	2,005	69
40,502	303,797	26,192,047	1,624,512	2,969,370	24,767,948	7,246	1,815	1,910	64
23,278	65,133	4,228,741	110,693	904,026	6,842,736	6,448	1,602	1,789	54
9,544	120,142	6,777,101	110,140	359,634	7,205,033	4,835	1,433	1,510	71
7,680	118,522	15,186,206	1,403,679	1,705,709	10,720,179	9,752	2,151	2,213	64
181	3,252	229,748	3,862	19,422	257,277	10,303	2,285	2,423	62
179	2,803	174,284	3,190	15,525	221,523	8,355	1,928	2,057	65

た代償として，売れ残り廃棄ロス（販売リスク）と人件費負担をしないという「企業の境界」の変更を行った。

百貨店とSCの差異ついては詳細は後述するが，ここでは，「委託・消化仕入れ形態」を多用し，卸売業・問屋と密接に結びつき，販売行為の相当部分を卸売業・問屋が派遣社員またはイン・ショップで行う百貨店・SCと，「買取仕入れ」を主体とし，自社社員が販売するGMSとを分けて論じる。

垂直統合に関わる「内製か外注か」(make or buy) の問題は，企業はどのような場合その活動を内部で行い，どのような場合に外部に（そしてどこに）発注・委託するかという問題である。これらは，主として取引費用の経済学（economics of transaction cost：TCE）・内部組織の経済学（economics of internal organization）で研究され，近年，ケイパビリティや知識の取り扱いという観点からも論じられている。

「内製か外注か」(make or buy) の問題は，Coase (1937) によって提起され，Williamson (1975) によって集大成された。市場で契約を通じて行う取引には不確実性の存在や情報の非対称性のために様々な取引費用がかかる。この取引費用が高い場合には内部取引が有利となる。しかし，内部取引には，別に組織費用がかかる。組織の内部の人間を動機付けるための費用，エージェント（代理人）である組織メンバーが，個人的な目的を追求する（機会主義）ことから発生するエージェンシー・コストである。これら組織内部の問題を解決するコーディネーションの費用などが大きいときには，市場取引が有利になる。市場取引に関わる取引費用と組織内で必要とされるコーディネーションの費用を合計した総取引費用がそこに存在する。

Williamsonは，取引費用を決定する要素として①限界付けられた合理性（bounded rationality）②機会主義（opportunism）③不確実性・複雑性（uncertainty, complexity）④少数性の条件（a small-numbers condition）⑤情報の偏在（informaion impactedness）を指摘している。

企業の垂直統合は，取引費用の節減のために行われる。特に，関係特殊的な投資がサンク・コストとなる可能性が高いとき，市場よりも内製の方へ傾く。売手が取引関係に特殊な投資を行っても買手に搾取されるような状況（ホールド・アップ問題）があるならば，両者は統合して一つの企業組織になる

ことが想定される。

　Milgrom and Roberts（1992, p.31）は，取引費用は調整（コーディネーション）費用と動機付け費用からなるとしている。その調整費用とは，価格と取引の詳細を決定し，潜在的な売手と買手の存在と所在を互いに知らしめ，売手と買手に現実に取引を実行させるための費用であり，これの失敗がすなわち販売リスクにともなう費用である。

　流通には仕入れた商品が売れるかどうかわからない「販売リスク」が存在する。潜在的な売手と買手の存在と所在を互いに知らしめるのは容易ではない。これは流通業の持つ取引費用のなかでも最大のものの一つである。

　日本の消費者は，流行に敏感な商品を，ワン・ストップ・ショッピングで購入するサービスを求めている。換言すれば「豊富な品揃え」と「高コスト・価格」というトレード・オフ関係で，「豊富な品揃え」を選ぶ消費者が存在する。

　これはすなわち，「販売リスク」が高いことを意味する。すなわち，「流行に敏感な」商品ほど販売リスクは高くなるからである。

　また，こうした流行に敏感な商品を売るため，そしてブランドを形成するためには多額の広告費用を要する。また，例えば店舗内部に，そのブランドの持つテイストにあわせ，多額の内装費用をかけた「イン・ショップ」を構築する必要がある。広告とは，商品の利用可性と質についての情報を提供することである。[15] これらは，関係特殊的な投資であり，不意な撤退などということがあればサンク・コストとなる投資である。

　不確実性・複雑性（uncertainty, complexity）が存在する条件下にあって，販売リスク，すなわち取引費用が高くなる場合は垂直統合が行われる。すなわち，百貨店・SCのように問屋・卸・供給先と深く結びついた垂直統合型企業が有利となる。逆に，価格を下げることによって売り切ることできる販売リスクが低い状況下においては，アームズレングス（arms-length）取引関係が有利となり，市場から広く「バッタ屋」「倒産商品」を仕入れることさえ可能な業態が強くなる。しかし，現代の百貨店・SCは，流行に即した商品を集積することにより，流行に価値を見出す顧客にフォーカスした業態である。

　江尻の批判にもある通り，現在の百貨店システムは，価格決定権を喪失しており，他業態と比較をして価格が高い。価格の競争力を考えれば，市場の

機能を利用し，広く供給先を探したほうが有利である。この要因に加え，チェーン・オペレーションの遅れによってGMSに比べて価格の競争力がないことは広く認められるであろう。しかし，現在は1950年代，あるいは1960年代の百貨店以外に近代的な流通業が存在しないという状況下でない。その状況下で百貨店はビジネスを行う。価格に敏感な，価格の競争力を求める顧客にはGMSあるいはディスカウンターといった業態が十分に対応している。この点については伊藤（1996, p.66）も「できるだけ安く商品を買おうと思って，百貨店にくる客はまずいない」と述べている。「返品制」を原因として，価格の競争力を失っているとの批判は，現代の百貨店のマーケティング戦略である，流行に敏感な層にフォーカスするということを考えれば的を射ていない。ファッションビルとも呼ばれるSCにおいてもこの状況は同じであろう。

現代の消費不況下において，価格に敏感な顧客層が増えてはいる。しかし消費の階層分化あるいは二極化という動きもあり，富裕層も存在する。この時代にあって，低所得層をターゲットに，価格競争に参入することを目的に返品制を止めて，買取仕入れを導入するということを百貨店あるいはSCの戦略にすれば，それは，Porterのいう基本戦略から外れ，中途半端（stuck in the middle）の状況に陥る可能性が高い。

では，この返品制度あるいはそれと結びついた再販売制度（再販）を中心に百貨店とSCのシステムをもう少し実態に即してみていきたい。

6　外部経営資源活用の合理性

批判の一方で，返品・再販の合理性は，いくつかの点から評価されている。加茂（1996, 『再販制と日本型流通システム』中央経済社）は，再販を流通経路を構成する製造業者・小売業者といった企業グループ間のコンフリクトの関係ととらえ，「再販業界の流通は効率がよい」としている。「流通の多段階性と返品制度」（三輪・西村, 1991）は，需要に関する情報に着目し，その偏在への対処という観点から返品制を分析し，返品制それ自体が販売促進の効果を持つとしている。また，三輪・西村（同上書, p.58）も，「返品は関係企業の合理的な選択の結果行われている」と述べている。[16]

ここでは，百貨店，ファッションビルと呼ばれるSCが主力とするファッシ

ョン・衣料・雑貨に議論を絞って、それらが取り扱う商品の特性から分析してみる。それらの大型店が得意とするのは、需要の予測が難しい商品である。それらは、流行に敏感な商品あり、売れ残って来年にまで持ち越せば、価値が大きく下がる商品である。以下、百貨店、ファッションビルと呼ばれるSCをまとめて、店舗と表記する。これに対置されるのは、卸売・問屋である。

　買取方式によれば、商品販売にともなうリスクは、全て買手の店舗に帰属する。販売に失敗し、商品の廃棄や、値下げしての販売等にともなう損失は店舗の負担となる。また、災害や盗難も負担する。ただし、そのリスクがインセンティブになる側面もある。これは、店舗が商品を売り捌くのに最大の努力をはらうという販売力の強化に繋がるいうことである。

　しかし、リスクを避ける最善の方策は、売れない商品を仕入れないことである。店舗は商品を厳選して、販売の確率が高い、無難な商品だけに仕入れを絞るということになる。店舗の手持ちの商品の種類（アイテム数）が少なくなり、店頭の品揃えも貧弱になり、販売見通しが不確かな商品が店頭からすがたを消す。

　現在のGMSの店頭と同様に、流行最先端のもの、価格の非常に高いもの、新しいものは、販売リスクが高いが故に、品揃えは多く行われない。この議論は、書籍再販売制の議論と同様である。再販売制を廃止すれば、学術書・専門書を取り扱う書店が激減し、また価格が上昇するであろうという議論と同じである。

　小売業が売れ残りリスクを負わなければならないとすれば、これらリスクの高い商品の発注は慎重にならざるを得なくなる。販売リスクの高いファッショナブルな商品の取り扱いをやめて、誰でもが購入してくれそうな「一般的な・無難な」商品を販売することになる。日本のGMS、あるいは米国の百貨店の婦人服売場が地味なのは、買取にともなう販売リスクを減らそうとした結果である。

　また、問屋・卸売側においても「買取制度」には重大な懸念がある。売れ残りを恐れる店舗は、売れ残りの可能性が高い商品を値下げして処分する。これは流通の末端で値崩れを引き起こす。値引、ディスカウントは直接的にブランド・イメージの低下を引き起こす。

これは，特に特選ブランドと呼ばれる商品群には致命的ともいうべき事態である。例えば，ルイ・ヴィトンはこの事態を避けるために慎重なチャネル・マネジメントを構築してきた（浅羽・新田，2004, pp.89-108）。現代の百貨店は，これらの特選ブランド，化粧品は主力の商品である。これらのブランドを，値引，ディスカウントの可能性がある買取仕入れの条件では取引することは不可能である。[17]

　対して，受託販売方式とはいかなるものか。これは，店舗側にとってみれば，メーカー，卸，問屋といった外部経営資源の活用である。メーカー，卸売などの川上企業が店舗に商品を預託する。法律上の商品の所有権は，店舗側に移動するが，返品を受け入れる義務を負うということにより，経済的な所有権（プロパティ・ライツ）の一部を問屋側は留保する。特に，近年，百貨店がこれを多用してきた。

　受託販売においては，店舗は販売リスクを免れる。しかし，販売上のモラルハザードがおきる可能性はある。これは，店舗が，そのリスクを免れた分だけ，販売の意欲を低下させるという可能性である。売れ残ったとしても，返品すればよいわけであるから，熱心に販売しないのではないか，という可能性である。

　店舗はアイテム数を増やし，顧客に豊かな選択の機会を提供し，少しでも販売の可能性がある限り，商品を店頭に並べようとする，というメリットは生まれる。受託販売において店舗は，値下げの動機は少ない。売上げ増大を狙う値下げはあるが，在庫処分的な「投売り」はない。

　もう一つが，「消化仕入れ」方式である。これも百貨店では多用されている。この方式では，店頭に並ぶ商品は，問屋・卸に所有権がある。その商品が顧客に購入され，レジに売上げを記録した瞬間に，卸売の商品を店舗が買い取る，という方式である。消化仕入れにおいて，百貨店が仕入れ処理をするのは「実際に売れただけ」であり，しかもその時点は販売時まで繰り下げられ，売れなかった商品には最初から最後まで仕入れ処理が行われない。

　しかし，店舗側の返品できるが故に発生するモラルハザード防止を問屋側ははからねばならない。そのために企業間のコントロール・システムが発達した。これが，「リベート」と「派遣店員」の制度である。

「リベート」は，店舗の販売数量に応じて累進的なリベートを支払えば，受託販売方式によっても店舗側の販売意欲は高まる。これによって，委託販売方式が持つ負の側面が低減される。

また，派遣店員制もよく使われている。メーカーや卸売がその従業員を百貨店に派遣し，店舗での販売活動と在庫管理が派遣店員によって代行される。

委託販売制度，消化仕入れ制度はともに百貨店で取り入れられている。対してSCではどうか。SCは基本的に家賃制度を取る。すなわち，メーカーや卸売が，直接的にショップを運営し，店舗側に家賃を支払う。ただし，SCの賃料は売上げの歩合を取り入れていることが多い。SCの賃料の形態には，固定家賃制と，売上げ等に連動する完全歩合制が存在し，この中間に，固定家賃と歩合を組み合わせた家賃設定方式が存在する。いずれにせよ，テナント側は，売上げ増大に最大の努力をはかる。

消化仕入れ方式でも受託仕入れ方式，あるいは家賃方式でも，店舗の商品に関わるリスクを有するのはメーカー，卸売企業なのであり，店舗はリスクを相対的に引き受けていない。消化仕入れ，家賃制度の場合，百貨店は売れ残り損失も盗難汚損等による棚卸減耗損も免れる。また在庫投資の資金コストも負担しないという有利さも享受する。

しかし，このリスクの負担方式はインセンティブに悪影響を及ぼし，店舗側のモラルハザード引き起こす可能性がある。消化仕入れによると商品の品揃えが豊かになるが，メーカー，卸売側からのモニタリングが非常に難しい。

このモラルハザードを緩和する企業間のコントロール・システムが派遣店員である。

まず，確認すべきなのは，店舗が全ての商品の売れ残りリスクを持つシステムは，本稿が取り上げている種類の店舗では合理的ではない，ということである。これは百貨店，SCともにである。これらの店舗はファッション・衣料・雑貨が収益の柱である。さらに，店舗は，低価格を求める顧客層ではなく，多少価格が高くとも高感度で，流行の先端を行く商品を求める顧客層にフォーカスしている。それらは商品の性質上，売れ残りのリスクが高い。そのような商品を幅広く品揃えするためには，売れ残りリスクを店舗側が全て負担するより，卸・問屋がそれを負担したほうがよいことは前述した。

加えて，売れ残りリスクを店舗側が全て負担した場合，店舗は売り切るために，値下げをすることとなる。価格の低下によるブランド・イメージの低下を避けたい卸・問屋にとっては，所有権を全て移転する買取制度は避けるべきシステムということになる。所有権を全て移転する買取制度では，値下げの決定権は，全て店舗側にある。特選ブランドをはじめ，百貨店，SCに並ぶ商品は，ブランド・イメージの高さが収益の根源である。

　したがって，この価格決定権を保持することは，問屋・卸にとっては大きな命題である。それを放棄する買取仕入れは合理的ではなく，所有権を一部あるいは全部を留保する委託，消化，家賃制度が合理的な行動になる。[18]

　もちろん，この合理性には，欠点もある。店舗は店頭情報という重要な経営資源を奪われ，「売場貸し」になってしまうという危険をはらむ，という指摘がある。外部の経営資源を利用するはずが，逆に利用されるだけになるという懸念である。

　流通論においては，投機的・延期的な在庫形成という概念でこれら販売リスクを分析している。製品の多様化により，売場スペースが増えないなかでの「死に筋」商品の発生→在庫リスクの増大→製品の頻繁な入れ替えを迅速に行うことが課題である。このための対策として，販売時点情報管理と呼ばれるPOS（Point of Sales）の導入し，まずどの商品が売れて，どの商品が売れていないかを販売時点で把握することが一般的になっている。そして売れた商品は速やかに補充発注するとともに，売れない商品は売場から撤去→新製品との入れ替えを卸売業者に要求し，かつ一刻も早く実現してもらうことにより在庫形成の延期化を達成する。いわゆるコンビニエンス・ストア，あるいはGMSにおいては，高度なPOSシステムを軸としたシステムが導入されている。

　しかし，このメカニズムが有効に働くには，一定の条件がある。それは，データに基く商品補充がスムーズに行われる必要があるということである。コンビニエンス・ストアあるいはGMSにおいては，取り扱う商品は前述の通り無難な「定番商品」あり，補充発注が可能である。定番商品になれば補充発注，追加生産も可能になるのに対し，生産のリードタイムが長く，流行が頻繁に変わるような販売リスクの高い商品では，いかに補充すべき商品がPOSデータから浮かび上がっても実際に有効に働かせる，すなわち速やかに

納品することは困難である。

　百貨店・SCがその収益の中心とする，婦人服・紳士服等の場合には，ファッションが「流行」により毎年変化するだけでなく，シーズンが極めて短いために補充発注・追加生産が間に合わないのが実情である。百貨店は，商品別の売上げ動向はPOSデータでも把握できる。しかしそれを活かすことは難しい。売れ筋・死に筋の論理，イトーヨーカドーに見られる論理は，小売が主導権を持って追加納品が可能な場合にのみ活きてくる。[19]

　百貨店・SCがその収益源とする流行に敏感な商品は，延期的な在庫形成がリードタイムの関係で非常に難しく，在庫の形成は投機的にならざるを得ない。では，その投機を誰が行うのが合理的かということが，次に問題となる。

　直感的には，消費者あるいは顧客と接し，顧客に関する情報を得る立場である店舗が担うことが合理的であると思われる。需要の変化を最も敏感に把握するという点では消費者と直接接触している小売業の方がメーカーや卸売業よりも優れていると考えられる。この点だけとらえれば，店舗側がそのリスクを背負う「買取仕入れ」が合理的にみえる。

　しかし，店舗という環境では，問屋・卸売またはメーカーは前述のように，「派遣店員」の派遣により，直接に販売に携わる。アパレル・卸商は派遣店員を派遣して小売店頭での情報収集が可能である。さらに，商品別の売上げ動向のPOSデータは，デジタルなデータであり，コピーが可能である。これは，店舗にも，問屋側にも信頼関係があることを前提にして情報の共有化を可能にする。さらに，問屋側には，店舗側には存在しない情報がある。それは，当該店舗以外での購買動向である。例えば，伊勢丹は伊勢丹各支店の購買はPOSにより把握しているが，高島屋あるいは松坂屋，ルミネで同じ商品が売れているのか否かは問屋にのみそれがわかる。つまり，情報を持つところがリスクを負担するほうが合理的だとすれば，問屋・卸がそれを担ったほうがシステム全体の合理化がなされる。

　では，流通を構成する価値連鎖のなかで，情報を多く持つところが販売リスクを背負うことがなぜ合理的なのか。その情報はいかに活用されているのか。

　それは，「商品振替」が可能であるからである。問屋はある店舗で売れない商品を早く引き上げて，他の売れそうな店舗に「転送」したり，あるいは他

の商品と入れ替えたりすることが可能である。また，サイズや色が不揃いとなり商品価値をもたなくなった商品を再生することが可能になる。これが情報を活かして全体を最適化するシステムである。しかし，一方，その問屋と取引する百貨店・SCにとっては，別の問題を生ずる。

「商品振替」には，往々にしてこのようなことが起こる。力のあるA百貨店で，ある商品が売れて欠品しているとする。A社から（派遣店員を通じ）注文が入ってくる。するとB百貨店から，たとえシーズン内で売れる見こみがあっても商品を引き上げ，A社に納品する。

B百貨店の納品形態が「委託」であった場合，形式的には，B百貨店側が所有権を持っているが，A百貨店でその商品が売れているという情報はなく，B百貨店にその商品がある（売れ残っている，すなわち売れていない）という情報だけがある。「情報の非対称」によって，アパレルの「この商品，あまり売れてないので，新しいものに入れ替えます」という申し出にB百貨店は対抗できない。

消化仕入れの場合は，B百貨店が全く知らないところで，売れ筋品が売れ筋であるが故に，B百貨店店頭から消える。力の弱いB百貨店はA百貨店の倉庫となる。これは，SCの家賃制度あるいは消化仕入れのもとでも同様である。

この意味において，返品制度として一括して扱われてきた，「消化制度」と「委託制度」は分けて考える必要が出てくる。モラルハザードの程度と「商品振替（転送）」のし易さ（卸・問屋側のモラルハザードの可能性）による差である。さらに，SCが専ら採用している家賃制度は，消化仕入れ制度とこの意味では同様である。すなわち，店頭において商品の所有権を一切，店舗側が持っていない，ということがここでは大きな問題である。

外部経営資源を活用する「返品制」に安住したが故に，百貨店は売れるものを仕入れる能力を失い，問屋側はそれを得たという指摘がある。90年代後半，日本の百貨店では粗利益率の低下を補うために，「買取」への転換が志向された。百貨店側が「バイイング能力の向上によって，売れるものだけを目利きして仕入れ，売りきる力を付ける」いうのである。これは，外部化した資源を再び内部化しようとする。しかし，これらの議論は，問屋側に優れたバイ

イング能力があるのではなく，情報が，店舗側よりも豊かであり，さらに「商品振替」によって販売リスクを軽減しているという根本問題への認識が乏しいといわざるを得ない。

　現在の百貨店システムは，仕入れ形態としては，消化仕入れ，委託仕入れを採用し，外部経営資源を最大に活かし，結果として返品が行われている。そして派遣店員のシステムにより売場の末端に至るまで問屋・卸・メーカーと深く結びつき，一般の顧客からはすでにその境が見えない状態に達している。その結果，価格の優位性は失われているが，それとトレード・オフとして流行に敏感で豊富な品揃えを実現している。それがすくなくとも都心型店においては，買取をメインとする業態には追従できない効率を実現している。

　返品制度が百貨店の衰退の要因ならば，買取仕入れを志向し，さらにチェーン・オペレーションのノウハウを持つ企業が市場に参入すれば，旧態の企業は駆逐されるはずである。そのような企業とはイトーヨーカドー，ジャスコ，ダイエーらのGMSを経営する企業である。

　これらの企業は，さらに規模の経済を有効に使用して価格決定権を取引先から奪うことに長けている企業である。

　実は，この三社はいずれも百貨店に参入した実績がある。イトーヨーカドーがロビンソン，ジャスコがボンベルタ，ダイエーがプランタンという百貨店を経営している，または経営していた。結果は，撤退，あるいは縮小という状態であり，成功とはいいがたい。これも，百貨店がGMS型の買取仕入れとチェーン・オペレーションを導入しても衰退に歯止めをかけられない，したがって衰退の主要原因ではないことの傍証になるだろう。

　外部経営資源を最大に活用する返品制度は合理的であり，したがってこれが百貨店衰退の原因ではないことに関して，まず流通理論における一定の経済的合理性があることは明らかである。また，返品制度を採用しているケースと採用していないケースにおける面積当たりの生産性を比較し，少なくとも都心部に関しては生産性が高いことを明らかにした。また，現場において，なぜ，返品制度が志向されているのかといえば，返品制度は，多様性を追求する場合においては経済的合理性を持ち，生産性も高い，という認識があるからである。さらに百貨店の現代における最大のライバルは，買取仕入れと

は全く逆のシステムを持つSCである。大型店業のなかで伸びているのは，返品制度同様にリスクを背負わない，家賃制度を採用している業態である。六本木ヒルズ，丸ビル，あるいはルミネといったSCの業態においても，デベロッパー側は，販売リスクを負担しているわけではない。これらの業態は，概ね家賃による収入を軸とし，またはそれに売上げをともなうオプションが付いている。流行に敏感で販売リスクが高い商品においては買取システムによって販売を行っている大型店の例は乏しくなってきている。外部資源を利用しないSCは存在し得ない。

　百貨店・SCが取り扱う商品の特性下においては，外部経営資源の積極的な活用である「返品制度」「家賃制度」が，「売れる商品」を供給するという取引先とのネットワークのマネジメント，SCM（supply chain management）において，合理的である。また，問屋・卸売側にとっても値引，ディスカウントによる直接的なブランド・イメージの低下を防止する効果があるために合理的である。特に特選ブランドと呼ばれる商品群には致命的ともいうべき事態であり，値引，ディスカウントの可能性がある買取仕入れでは取引することは不可能である。井上達彦（1998, pp.129-159）[20]は，株式会社ワールドを事例分析し，ワールドが1980年代前半に買取仕入れ・返品なしを小売に求めながら，現実には機能せず，SPA型（小売機能内蔵型アパレル）に進化していったことを示している。

　百貨店・SCは，その商品・ブランドを適切に組み合わせ，大型店を設計する。その詳細な設計を次章ではみていく。

【第2章注釈】
1)　製品にはライフサイクルというものがある。一般には，導入期，成長期，成熟期，衰退期の四つのフェーズがあるとされる。ポーターは業界の取り扱う製品のライフサイクルから取りえる戦略が決定されるとして，例えば，衰退産業においては，節度ある撤退を進める一方，キャッシュフローの最大化をはかる，そのために新規投資を全く行わないか，厳しく制限し，設備のメンテナンスを抑え，宣伝や研究開発費も抑えるなどの方法が推奨される。また，PPM（プロダクト・ポートフォリオ・マネジメント）の考え方に基づけば，多角化をすすめる必要があるなど，この「業界」が衰退しているかどうかの認識は戦略決定においては大きな問題となる。

2) Levitt, Theodore (1962), *Innovation in Marketing : New Perspectives For Profit and Growth*. (邦訳：土岐坤訳 (2006)『マーケティングの革新　未来戦略の新視点』ダイヤモンド社)
3) 最近の調査である平成14年調査では，業態区分の見直しが行われた。そのため，長期時系列比較ができなくなった。したがって，ここには，平成9年までのデータを提示した。
4) 林周二 (1962)『流通革命―製品・経路および消費者』中公新書。
5) 例えば，松岡真宏 (2000, 2001) は，問屋無用論に対して説得力のある反論を行っている。
6) ダイエーの1990年代の挑戦の失敗がこの事実の傍証になる。
7) 経済産業省商業統計 (平成14年) で大型百貨店の年間販売額は8兆554億6,600万円。
8) 特に，不動産業化し自ら仕入れを行わなくなったことによる百貨店衰退論の立場を批判する。
9) 田島義博 (2004)『歴史に学ぶ流通の進化』日経事業出版センター。
10) 西村晃 (1998)『21世紀百貨店の挑戦』ストアーズ社。
11) 岩瀬敬一朗 (2001)『百貨店に明日はない―体験的百貨店論』実業之日本社，pp.74-78。
12) 川端準治・菊池慎二 (2001)『百貨店はこうありたい　百貨店再生への道しるべ』同友館。
13) 伊藤元重 (1998)『百貨店の未来』日本経済新聞社。
14) なお，個別の店舗ではなく業態で比較すると，経済産業省商業統計によれば，百貨店の117万円/㎡に対し総合スーパーは57万円/㎡である。
15) Stigler, George J. (1987) *The Thory of Price*, fourth edition. (邦訳：南部鶴彦・辰巳憲一訳 (1991)『価格の理論　第4版』有斐閣，pp.286-289)
16) 総じて，百貨店を直接分析する経営学者は返品制度に否定的であり，経済学の立場からは返品制度を評価している傾向がある。
17) 特にルイ・ヴィトンは，値引によるイメージの低下には敏感である。福利厚生の対象としての社内販売，店舗の負担によるポイント付与でさえ，多くの場合拒否される。
18) これは，値下げを一切行わない，ということではない。日本では通常，夏のクリアランス，冬のクリアランスと称して，当該季のファッション・衣料・雑貨を売り切ろうと試みる。しかし，このタイミングの主導権は卸・問屋が，保持し決定しようとする傾向がある。
19) 補充できる場合もあるが，それは，メーカーや問屋の在庫からではなく，他の百貨店やSCの店頭から来る，という場合が多い。これについては後述する。
20) 井上達彦 (1998)『情報技術と事業システムの進化』白桃書房。

第3章
21世紀の百貨店・SC～ネットワーク組織

1　百貨店の変化

　前章では，百貨店の経営危機の真因が，外部経営資源の利用たる「返品制度」ではないことを示した。

　前述の通り，戦後，百貨店は大きな変化を遂げている。

　初期の百貨店は，当時の需要を反映し，呉服及び高価な「舶来品」を主たる商品としてきた。当時は日常品の流通は，小規模・零細な商店が担っていた。職人的生産と販売が未分化であり，家族従業を基本とする小規模経営であった（石原・矢作，2004, p.264）。中心の取扱品目が呉服と舶来品という高級品であるから，この時点では，中小の小売商店と競合は少なかったといえるだろう。

　しかし，1923年の関東大震災で被害をうけた市民への物資供給をきっかけに，百貨店は日用品の取り扱いを開始し，中小小売店舗と百貨店との競合が意識されるようになる（鈴木，1980, pp.67-89，石原・矢作，2004, p.267）。食料品の取り扱いはそのころから始まった。百貨店がこれをきっかけに「大衆化」の道を歩むこととなる。また，問屋との協力関係，密接な関係も当時から構築された。

　昭和初期に，百貨店の店舗数が急拡大することで百貨店と中小の小売商店は軋轢を増した。これは中小企業主層に，政治的な圧力を発生させることになった。結果，1937年，百貨店を規制する百貨店法が成立した。

　戦後の混乱はあったものの，百貨店は成長し，さらに中小の小売業との競合関係は激しさを増す。これは，中小の小売商店が取り扱う日常的な商品，

最寄品をも百貨店が取り扱っていたことに起因する。1956年第二次百貨店法が成立し，百貨店の事業活動を調整することによって中小の小売店舗を保護した。

しかし1970年代のスーパーマーケットの台頭により，中小小売商店との競合する存在は百貨店ではなく，このスーパーマーケットとなった。その結果，百貨店法は，大店法〈大規模小売店における小売業の事業活動の調整に関する法律〉（1973年制定，1974年施行，1978年の改正，1979年施行）に取って代わられることになる。[1]

1980年代，1990年代を経て現代においては，中小小売商店と百貨店が競合関係にあることは少ない。むしろ，郊外・地方都市において，百貨店の閉店によって街が寂れるという現象が観察される。これは，スーパー，GMSの台頭以降，百貨店が商品を高級化させファッション・雑貨・特選などの品目に注力したことによる品揃えの変化の結果である。1980年代後半から百貨店は，相次いで大規模なリニューアルを行い，カテゴリー・キラーに侵食された商品群を切り捨て，高級化を行った。結果，中小小売商店とは社会的な分業が成立し，競合の関係ではなくなった。これは，百貨店がそのドメインを大きく変化させたことを意味する。

百貨店のドメインの変化により，百貨店の社会的役割も変化した。低価格帯よりも高価格帯の商品の流通にその社会的役割が移り，高価格帯の品に相応しい，品揃えの幅や選択の楽しさ，高度なサービスが求められる。前章の分析で見たとおり，返品制度は，価格を低下させるのには，相応しくないが，品揃えの幅を維持するのには経済的合理性を持っている。返品制度は，外部の取引先を有効に使っている。もし，価格決定権にこだわるならば，ブランド・イメージを損なうことを恐れ，特選ブランド，ファッション・ブランド，化粧品等の取引先は撤退する。高級な商品群の提供というドメインの選択を行った結果，高いブランド・イメージを持つ外部資源の導入は不可欠であったことは議論の余地がないであろう。

その結果，現代の百貨店というシステムは，大きく外部の取引先に依存している。しかし，学界をはじめ多くの論者は1970年代から1980年代初めの，「スーパー」との小売業におけるシェア逆転，さらにコンビニエンス・ストア，

カテゴリー・キラーの台頭等の経緯にこだわった。その結果，議論はチェーン・オペレーションを取るGMS（ゼネラル・マーチャンダイジング・ストア General Merchandise Store）[2]，あるいはアメリカの百貨店との比較に終始した。その文脈のなかで百貨店の衰退原因は，百貨店の返品制度と，それにもなう派遣社員制度という点にあり，そのため競争力を失ってきたという批判となった。

これらが誤った議論であることは，前章で見たとおり，返品制度の合理性は，①ある環境においては合理性があること，②返品制度を採用しない場合に比べて生産性が高いこと，③百貨店と競合する存在，SC（ショッピングセンター）は，広義の「返品制度」を採用していること，④（高級・特選）ブランドを扱うためには，価格決定権を留保した問屋・卸・メーカー側の意向が重要であること，によって明らかである。

2　店舗における分業体制

いわゆる返品制を取り，外部経営資源を積極的に利用する，という点においては，百貨店もSCも同様である。では，どこにその差異があるのか。どのような分業体制がそこで行われ，競争力の差異を生んでいるのか。

現代社会においては分業が発達している。それは，財，すなわち商品の移転ということがなくては，分業は成立しない。分業を構成する各主体の間には，流通論で呼ぶところの，懸隔が存在する[3]。流通機能とは，懸隔を調整・克服する機能である[4]。

商品の流通過程において，必要な全ての流通機能が，同じ組織内のヒエラルキー的な調整で行われることはほとんどなく，多数の組織による垂直的ないしは水平的分業によって流通機能が担われている。垂直的分業とは，ある商品が消費者の手に渡るまでに，例えば，メーカー→卸売業者→小売業者→消費者のように，流通活動が分業化しているということである。いくつかの垂直的な段階にまたがって流通機能が遂行される。水平的分業とは競争・補完による分業を指し，卸売業者がみずからの機能発揮を補完してもらうために輸送や配送を運輸業者や委託卸売業者に依頼・分担することを指す。

流通業とは，流通機能すなわちこれらの分業にともなう調整機能そのもの

を担う存在ということができる。別の表現でいえば、流通業の存在は、取引費用の節減のためにある（有賀，1993，pp.45-60）。

　アダム・スミスの主張のように、現代の社会は、様々な分業で成り立っている。分業は工場内にとどまらず、産業全体として、原料の調達、加工、物流、商流を含む複雑な分業となり、それを別々の産業が担っている。多くの産業において生産を行う場合、多量の資本を投下して、かなりの生産時間をかけて回り道をしながら生産をしていく。この方法を迂回生産と呼ぶ。Roscher (1843, pp.35-38) は漁師を例にして、「迂回生産」の効率性を説明している。

　近代的な企業組織は、専門化・機能分化され、しかもそれが多重階層型のヒエラルキー構造を形成していた。T型フォードの生産に代表されるように、こうした組織は、同一産物の大量生産を行う上では、非常に効率的である。

　社会的分業が発達し、それによって業務の専門化を通じての高い生産効率が達成されると同時に、それは専門性の高い企業による社会的分業も意味する。社会的な分業は他方では、企業間の「協働」を発達させる（Roscher, 1843, pp.35-38）。社会的な分業は分業であるが故に、一つの製品をつくり出すために必然的に協同作業をともなう。すなわち、社会的分業は協働関係を強化しているのである。社会的分業は、単に生産性を向上させるだけではなく、協同を促進する。そしてそれを契機とした新結合が生みだされる。分業は生産性だけではなく、イノベーションを促進する。

　20世紀初頭のアメリカにおいては、広大な国土という条件にあわせて、乗用車の普及、自動車産業の興隆があった。安価な車を大量生産する生産技術の革新として、流れ作業を軸とするフォード・システムが成立した。同様な大量生産方式の進展は平行して他の産業でもおこっていった。これは企業活動にも大きな変化をもたらし、販売、市場開拓、宣伝などの面で次々と革新を生みだし、企業内部における、調整の問題を生みだした。

　マネメントの必要性は、ここで強く認識されることとなった。Chandler (1977) の言によれば「見えざる手」(invisible hand) から「見える手」(visible hand) に変わったことを意味する。市場から、垂直統合された大企業が経済の中心となる社会へ変化した。

　現代社会は、まず、「分業」を前提とした社会であり、その分業には、様々

な組織，複数の企業が役割を分担しながら，活動を行っている。このことを離れて，一つの活動のみの効率を分析することは不可能である。そして，そこには「マネジメント」，すなわち，この分業をいかに調整するかという問題が，重要なものとして浮上する。[11]

古典的にはマックス・ウエーバーの官僚制組織の議論から，Sloan（1963）の事業本部制，マトリックス組織や現代のバーチャル・コーポレーション（Davidow and Malone, 1992）の議論に至るまで，様々なマネジメントが存在する。

一方，分業体制のあり方は変化する。経済活動は，空間（space）のなかで行われるが，これが外部性をつくり出す。[12] 産業革命，そしてそれにともなう交通革命（transport revoluion）は地域間の時間的・意識的な距離を大幅に短縮した。これが，空間統合（spatial integration）である。経済諸主体が離れている場合であっても，運輸・通信手段をネットワークのように組み合わせ，経済関係を確立することが可能となる。ネットワークよる空間統合の進展は，ネットワークの結節点たる場所に集積を生む。空間統合は，産業構造，地域構造に大きな影響を与える。これはまた，分業の構造に変化をもたらした。

流通業の分業体制もまた，交通革命（transport revolution）の程度等の環境により変化する。

流通業の原初的な形態である，「行商（ぎょうしょう）」，すなわち，商品を携えて各地を売り歩く商いにおいては，商品を運搬する事業，すなわち現代でいう運送業と，販売する業，すなわち小売・卸売業は未分化である。行商は，ヨーロッパで，中世前期に発達したという。ヨーロッパ各地や西アジアから奢侈品をもたらし，また，地元周辺からの行商が担う日用品が，この行商が集まる「市」で，取引された。日本では，行商は，平安時代の京都に出現したという。近世では近江（おうみ）商人が活躍した。これら近江商人の系譜から，高島屋，白木屋，西武百貨店等の近代百貨店，日本生命その他の近代企業が誕生している。現代においても，行商は存在し，千葉県から東京を走る京成線には行商専用車両がいまだに運行されているが，その社会的な存在意義は薄れている。

行商は規模が小さいが，廻（回）船（かいせん）は，江戸時代において，大規模に発達した。これも物流と販売が未分化である。廻船は，江戸時代に沿岸航路の開発とと

もに隆盛し，重要な存在であった。米を中心にした大量遠隔地輸送と販売を担う存在であったからである。大坂〜江戸間の菱垣廻船，樽廻船，大坂と日本海沿岸各地を結ぶ北前船，その他が存在し，特に日本海側にその影響は大きく，港湾の発展，産業の隆盛をもたらした。大坂を中心に全国的規模で発展し，廻船問屋が各地にできた。

廻船は規模が大きくなり，高度に近代化した組織ではあるが，多くは船主が荷主を兼ね，いわゆる流通のなかにおいて，財を運搬する事業と，販売する事業が未分化である。しかも，取扱品目は多様であった。取扱品目の専門性における分業もここでは見られない。

運輸革命（Transportation Revolution）とは，19世紀に世界的規模で鉄道建設の普及，大型船の建造など陸海輸送手段の変革が大規模に行われたことをいう。

これは，欧州諸国の国内市場統一と産業革命の展開を促進した。さらにアメリカ大陸諸国や西アジア諸国を，ヨーロッパの市場へ加えることになった。これは交通の発展がもたらした市場の拡大である。これが，世界的な工業化（industrialization）を促進した。同時に生まれた工場制度（factory system）は社会的な分業を前提としている。さらに各種機械の導入によって，それらの発展以前とは生産能力が大きく異なる。

日本においても，明治維新を契機とした産業革命，運輸革命によって，廻船は滅び，ここでも分業の体制は変化し，より専門性の高い物流と流通（卸売・小売）が分離した。

Besanco, Dranove and Shanley（2000, p.50）はその著書の冒頭において，1840年の世界「事業環境：近代的なインフラの状況」，家族経営の小企業が支配的であった状況から，1910年の世界「事業環境：近代的なインフラ」としてこの変化を描いた。この環境の変化は，まさにインフラストラクチャーという環境の変化によって，企業の分業のあり方がいかに変化したのかを示している。

企業の規模は，この間に変化した。新しい生産技術が，標準化した大量生産を可能にした結果，「規模の経済」の合理性が支配的となり，企業規模は大きくなっていた。

Chandler（1978）によれば，アメリカ合衆国の市場に大きな影響を与えたのは，綿の貿易であった。綿の栽培は，一つの作物だけを栽培する専門的な農業経営をもたらすとともに商業にも専門化をもたらした。1820年代までには，加えて，ブローカーと委託商人と会社から成る「ネットワーク」が綿をはじめ他の工業製品，紅茶，コーヒーその他の製品に広がっていったとされる。取引の量が増えるにしたがって，このネットワークに，専門的な輸送業，金融業が発達し，社会的な分業が発達してきた。
　19世紀の終わりから，20世紀の初めにかけて，道路や船舶港湾施設といったインフラストラクチャーの発展により，広域における交換が可能になった。そのことは，交換の広域化による大きな需要に対しては，規模の経済をもって大量生産が可能なものが有利となる。そのことにより，垂直統合（vertical integration）された「巨大企業」が発達した。これは資本主義の初期段階においては，「生産手段」が希少資源であり，その生産資源を持ったものが有利であったことを示す。[13]
　インフラストラクチャーという環境が変化すれば，分業体制も変化せざるを得ない。これは，商業においても同様である。いわゆる工業化社会において，広域のコミュニケーションが発達した結果，規模の経済に軸足をおいた産業・企業が有利となった。
　百貨店は，小売業に分類される。小売業は最終消費者に商品を直接販売する機能を担う存在である。専門的な小売業の成立のためには，卸売を担う問屋，物流を担う運送会社，その商品を製造する製造会社などを必要とする。その結果，様々な分業体制の一部として小売業が存在する。
　この状況が21世紀を迎えた今，変化しつつあるという指摘がある。
　1990年代以降は，まず，1．百貨店以外の近代的流通業の隆盛，2．問屋をはじめとする卸売・物流体制の変化，などの社会的な変化があった。加えて，情報通信技術の発展，グローバル化などが大きな変化をもたらしつつある。

3　21世紀の分業体制

　インフラストラクチャーの情報化による変化が顕著になった1980年代のアメリカにおいて，前世紀から今世紀にかけて世界をリードしてきたいわゆ

る大量生産様式・フォーディズムの時代が限界に来たのではないかという議論が生まれてきた[14]。これらの変化または変化の予兆については，様々な議論がある。その技術発展と社会構造変化の定義は分明ではない。しかし，共通するのは，自動車産業に代表される大量生産を行い，マス・マーケットに製品を送り込むシステムの限界への言及である。大量生産が経済の基盤を構成する時代は終わりつつある，という指摘である。21世紀は，以前より階層の少ない小さい組織が多くの産業にとって望ましい構造になった（Besanco, Dranove and Shanley, 2000, pp47-73）という。Piore and Sabel（1984）は，巨大企業，ビッグビジネスと福祉国家という二つの特徴に支えられた現代アメリカ経済，あるいは資本主義の大量生産体制自体が非常に大きな危機にさらされているということを主張している。19世紀半に最初の分水嶺,「Industrial Divide」があり，そこで垂直統合による巨大企業の時代が形成された。それがまた新しい分かれ目，第二の分水嶺にさしかかっているという主張である。

　Piore and Sabel（1984）は，それでは，どんな集積の形態が望ましいかについて，柔軟性と専門性をその産業集積のなかで持つことを主張している。Piore and Sabel（1984）の言葉で表現するならば，「フレキシブル・スペシャリゼーション」（flexible specialization），「柔軟な専門化」である。その場合，その分業体制を調整機能が必須になる。柔軟な専門化のなかでは非常に重要な要素である[15]。

　産業の発達，そして分業体制の変化には，いわゆる「情報化」によって今大きな転機を迎えつつある。Chandler（2000, p.3）は，1990年代を工業の時代（Industrial Age）から新しい情報の時代（Information Age）への転換期だと述べている。Picot, Dietl and Franck（1997）はこの問題に対し，リオーガニゼーションという概念を用いて分析している。また，Gilbert, Burrows and Pollert（1992）[16]は，イギリスを例にとって，ポスト・フォーディズム時代のフレキシビリティについて分析している。

　分業体制は，社会の持つインフラストラクチャーとの関係において，変化する。

　現代のインフラストラクチャーの変化は，情報技術（Information Technology

: IT）の発展と普及である。パソコンに象徴される情報処理技術とインターネットの普及による通信技術の発展はシュンペーターのいうイノベーションであり，社会全体，そして企業経営に大きな影響を与えつつある。

　これは，分業構造の変化を意味する。これらは，通信技術，輸送金融などのインフラの整備が進んできたことによる。Besanko, Dranove and Shanley（2000, p.50）が，1840年の世界「事業環境：近代的なインフラの状況」，家族経営の小企業が支配的であった状況から，1910年の世界「事業環境：近代的なインフラ」として描いた環境の変化は，まさにインフラストラクチャーという環境の変化によって，企業の分業のあり方がいかに変化したのかを示している。一例を挙げればアウトソーシングを多用する分業構造である。これらは，通信技術，輸送，金融などのインフラの整備が進んできたことによる。これは，一種のネットワークとして機能をし，そのネットワーク全体として付加価値をつくり出す。

　近年，優位にある業務分野に経営資源を集中し，周辺的な部門を切り離す，いわゆるアンバンドリング[17]の動きが加速している。社内の部門で行っていた業務を外注化する「アウトソーシング」の利用は常識になっている。例えば受注活動や設計に専門化し，製造部門を持たない「製造業」さえ存在する。様々な種類の製品を，開発から生産まで一貫して行う「総合」企業はその形態の再考を迫られているという議論もある。

　アウトソーシングとは，「外部の経営資源の積極的な利用」であり，西口（1996, p.157）は「あるまとまりを持つ主要な契約の遂行に，部分的に貢献する契約」と定義している。製品やサービスを購入して，その成果を利用することである。自らの付加価値の創造や競争優位の確保に欠かせないものについては，組織の内部で創りだすが，コストの高い財，または常には必要としない財については他の組織に任せて，その成果のみを入手すればよい。現在は，そのアウトソーシング[18]を導入し，コストを引き下げ，あるいは得意な分野に集中することによって競争優位をつくり出した企業，例えばキーエンス，ミスミなどの成功が知れている。

　現代では様々な企業が関わって，一つの製品ができ上がる。バリュー・チェーン[19]も，大きく変化しているという認識を持たざるを得ない。現代におい

ては，バリュー・チェーンの要素を全て自社内でまかなう企業はほとんどないだろう。それならば，バリュー・チェーンの各要素ついて，どこまでを内製し，どこを外部発注するかという取引費用をめぐる「make or buy」[20]の議論を行うという視点は重要である。

本稿は，ある製品を市場に供給するにあたり，ネットワークの「要」として存在する流通業，特に百貨店・SCが，産業リンケージ[21]あるいは，制度設計をいかに決定し，いかに調整するかを問う。近年では，取引費用理論を批判的にあるいはそれを補完するものとしてケイパビリティの視点などを取り上げ，深みを増しつつある。しかし，その関心は，「企業の境界はどこにあるか」というコース（Coase）のテーゼに置かれている。

一方，アウトソーシングが普及し，ライバルとなる企業もそれらを取り入れ，利用しているのが現代である。アウトソーシングを高度に利用する企業同士が市場でぶつかり合うとき，競争優位をつくり出すには，どのような方法があるのか。

そこには，企業境界の変化により，多数の企業組織から成る「ネットワーク組織」同士の競争を分析し，マネジメントしなくてはならないという課題が生まれる。

アウトソーシングの多用傾向を加速しているのは，Information Technology いわゆるITの発展である。インターネットは情報の活用において画期的な進展であった。情報技術の進展は，より広く協働相手・顧客を求めること，より深いコミュニケーションを行うことを可能にした[22]。

流通業についていえば，いわゆる，これは，中抜き現象と関連して議論されている。企業が消費者に直販を行い，卸売や代理店，問屋が不必要になるという「ディスインターメディエーション（disintermediation）」ともいわれる現象である。

インターネットが物理的な距離や国境を軽々と超え，世界中の企業と消費者を容易に結び付けることから，こうした現象が様々な業界で起こっている。問屋，卸売業者などを"中抜き"すればその分コストが下がる。これまで問屋や卸売が担ってきた商品に対する付加価値の創造や物流などの後方支援には，ITが担うというところから生ずる可能性がある。これらは，情報インフ

ラストラクチャー（information infrastructure）[23]の変化である。

本稿では，情報化というインフラストラクチャーの整備によって，取引費用が変化し，この内製化よりも，外注のほうが多くの場面で有利になった可能性があるという立場に立っている。[24]

1960年代の「流通革命」の議論により，問屋との関係，すなわち，問屋・卸売という外部資源を巡る議論が，流通業においては多く蓄積されている。[25] 特に百貨店は，問屋との関係において議論が多い。問屋や取引先に頼り過ぎ，それが効率を低下させ経営危機をもたらしているという議論について，前章では批判的に議論した。流通業は，その特性ゆえに，外部資源を，必ず必要とする。流通業は，生産者と消費者の懸隔を埋めるものであり，社会的分業の結節点を担うものであるから，何らかの外部資源と関わりを持つ。百貨店はこれら外部経営資源を特に積極的に活用してきた。SCは，販売そのものを外部が担っている。その結果，問屋を利用せず，卸売の機能を垂直統合し，あるいはメーカーから直接に大量仕入れを行うスーパーマーケット，GMSとの価格競争に敗れ，日用品の市場を失った。しかし，高級品，ファッション・衣料・特選品など，品揃えのバリエーションが重要な市場ではいまだに強い。そして，これらのファッション・衣料・特選品に関して，外部経営資源である確立されたブランドの導入なしには運営が難しい。その範囲はどのようなものか，どのような方法があるのかを分析せねばならない。ここに広義のアウトソーシングに関する分析を百貨店・SCに適用する必然性がある。

また，流通業では，外部経営資源を利用しながら，競争を行ってきたという状況が，他の業界よりも早く，そして長く激しく行われてきた。このことは，流通業の分析から得られる知見が，他の業界の競争戦略にも広く応用できる可能性を持っているということであろう。

4　ショッピングセンター（SC）の台頭

現代の百貨店は，SCの特殊な形態といえる。1980年代後半から百貨店は，相次いで大規模なリニューアルを行い，カテゴリー・キラーに侵食された商品群を切り捨て，高級化を行った。百貨店は，そのドメインを大きく変化させ，百貨店の社会的役割も変化した。スーパー，ディスカウンターの台頭以

前は，バーゲン開催によって，低価格帯の商品の提供をも百貨店が担っていたが，このような役割は相対的に小さくなり，低価格帯よりも高価格帯の商品の提供にその社会的役割が移り，高価格帯の品に相応しい，品揃えの幅や選択の楽しさ，高度なサービスが求められている。そのためには，外部の取引先を有効に使って，幅広い品揃えを実現しなくてはならない。価格決定権にこだわるならば，ブランド・イメージを損なうことを恐れる特選ブランド，ファッション・ブランド，化粧品等の取引先は撤退する。高級化というドメインの選択を行った結果，高級なイメージを持つ外部資源の導入は不可欠であった。それを自ら創り出すこと（make）は難しい。外部のテナントに大きく依存する，という点で，ショッピングセンターと同様である。今や，顧客の目には，SCと百貨店の区別をつけることは難しくなりつつある。

では，SC（ショッピングセンター）とは，どのような商業施設なのか。日本には大型の商業施設・店舗として三越，高島屋，松坂屋といった百貨店，ダイエー，イトーヨーカドー，ジャスコといったGMSがあるが，こういった企業の単独店舗はSCとはいわない。SCとは，デベロッパーと呼ばれる一つの経営体が中心になって計画，開発した建物にテナントと呼ばれるバラエティにとんだ小売専門店，飲食店，サービス業が入り，地域の生活者に多種多様な商品，サービスを提供する商業施設のことをいう。

規模の小さい専門店だけで構成されているSC，例えばファッションビル，駅ビル，地下街といったSCと，比較的大型の商業施設（キーテナント）として大型小売店（通常は大型スーパー，百貨店）を含むものがある。その運営においては，デベロッパーの社員は少数であり，直接販売に携わることはなく，施設の管理運営，テナントの配置，広告宣伝に携わる。

ショッピングセンターは，従来の百貨店・GMSでは設備の設置者と日々の商売の運営者が一致していたのに比べ，その機能をアンバドリングした業態といえる。

Hagel Ⅲ and Singer（1999）[26]はアンバンドリング（unbundling）による大企業の「解体」を示唆した。経済産業省も，産業構造審議会情報経済分科会の第三次提言[27]として報告をまとめているが，このなかで，コンピュータとコンピュータ産業によって顕著となったアンバンドリング[28]が，他の産業にも波

及し,金融,電力その他の産業と並べて「販売サービスがモジュール化し発送小売の垂直統合がアンバンドル可能になった」(今井賢一分科会長による本報告書のメッセージ)と述べている。金融のアンバンドルに関し大垣(2004)が金融業を流通,製造,情報の三つにアンバドリングする将来像を描いている。

　流通業においては,物流と商流が未分化であった行商や廻船問屋の時代は終わり,現代ではそれぞれの機能の社会的分業を行っている。そのなかで,ショッピングセンターは明確に建物設備の設置者と日々の商売の運営者という機能をアンバドリングしている。

　ショッピングセンターの日々の運営人数は,不動産業と揶揄される百貨店の数分の一に過ぎない。株式会社ららぽーとは千葉県船橋市の「ららぽーと」(総面積11万5,000㎡)をはじめ,全国48箇所の管理運営を行っているが,従業員総数は589人に過ぎない。百貨店ならば,船橋ららぽーとの運営だけで2,000人規模が必要となるだろう。

　これは,建物の設置と,日日の販売業務を分離した結果である。SCに比べ,百貨店は多くの人員を接客販売に投入している。現代の百貨店システムにおいては,仕入れや販売において,問屋・卸・取引先と百貨店が融合して業務が進められる。仕入れの形態,販売リスクの負担方法といったsupply chain managementだけを見れば,同じ「返品制」,オープンな仕組みを取るとはいえ,百貨店のシステムとSCのシステムはこの日常における仕入れ・販売への関りという点で大きな相違がある。SCは日々の販売業務を全て外部化するのに対し,百貨店のそれは部分にとどまる。

　そこに,どのような店舗設計が行われ,そこにどのような調整が行われているかは次章で見てみたい。そこにいる多くの従業員は日々何を行って,差別化をはかっているのか。またそこに,いかなる問題があるのか。

図表3-1　SCの台頭

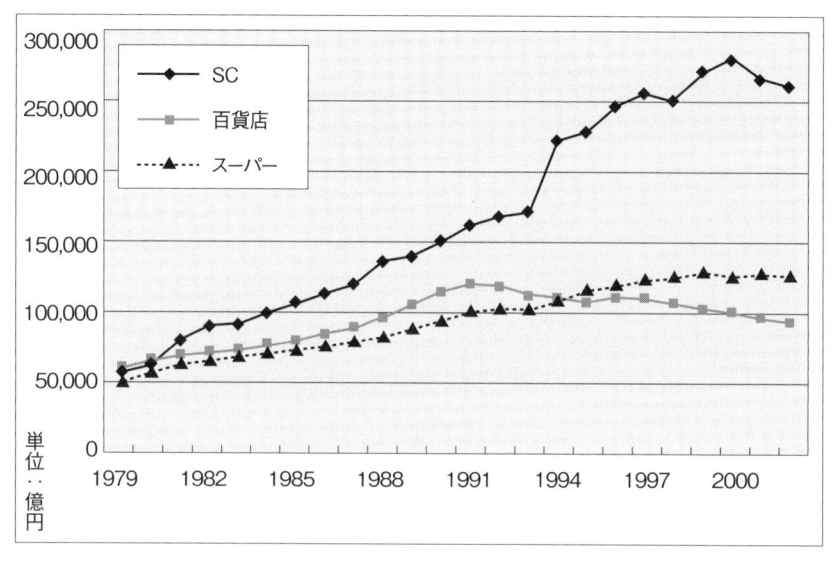

5　新しい競争，新しい問題～アウトソーシングのジレンマ

　ショッピングセンターの設置，すなわち，テナントを同一の店舗内に集積することは容易に模倣可能な戦略である。しかも優良なモジュールを提供するテナント企業は，その成功事例を誇示しながら，他のSC，あるいは百貨店に営業活動を行っている。これは，店舗の同質化をもたらし，競争に影響を与える。

　この問題を武石(2003, pp.6-7)は，「アウトソーシングのジレンマ」と呼んだ。競争上重要な業務を外部の組織にゆだねること（アウトソーシング）は，現代の分業体制では必要である。それを行わねば，競争に敗れる。しかし，その外部資源の利用は，同業他社にも可能であり，持続的な競争優位をもたらさない。

　SC，百貨店においては，優良またはトレンドとなっているテナント，ブランドを誘致しなくては競争に敗れる。しかし，テナント，ブランドは，競合

企業にも利用可能であり，持続的な競争優位をもたらさない。これがアウトソーシングのジレンマである。武石は，自動車産業におけるこの問題を分析し，その問題の解決の鍵は，企業の内部のマネジメントにあることを示した（武石，2003, pp.222-229）。その分析は十分に説得力を持つ。

しかし，武石の到達点には，いくつかの課題が残っている。一つは，武石自身が認めているように（同上書，pp.241-246），自動車産業とは異なるアーキテクチャのもとでも，同様の問題に対し対処しているのかという課題がある。二つ目は，マネジメントの鍵としての「知識」である，としているが，知識という概念は普遍的に過ぎる。武石は，自動車産業における知識を詳細かつ具体的に挙げている（同上書，pp.173-182）が，自動車産業の産業枠を越えていない。マネジメントの鍵は知識であるとして，この知識に関して，他の産業ではどうなのか，という問いが必要である。本稿では，この「知識」が流通業，百貨店業・SCにおいてはいかなるものであるかについて検討する。

本稿においては，重要な問いであるアウトソーシングを行いつつ競争優位を保つには何が必要か，という問いに対し，模倣の難しい「調整能力」というケイパビリティが必要であるという仮説を掲げる。アウトソーシングのジレンマの解消には，外部資源を取り入れることと，それを巧くコーディネートする「オープン・インテグラル戦略」が有効である，ということである。これを意識し，実行したのが伊勢丹であり，逆に，その能力を失っていったのが高島屋をはじめとする他の百貨店である。また，それを機能としてほとんど持たないことに大きな問題を持つのが，SCである。

この問いは，リソース・ベースト・ビュー（RBV：resource-based view）に則している。これは，競争優位をもたらすレント（rent）の源泉を企業自身に求める。企業の成長を企業の持つ資源に求める流れは，ペンローズ（Penrose, 1959）の議論から，バーニー（Barney, 2002）により，まとめられ，それまで競争戦略の中心をなしていた，企業の置かれた産業構造を重視する議論を補完した。バーニーは，VRIO分析を提唱し，ある資源が競争優位もたらすかどうかは，資源の価値（value），希少性（rareness），模倣可能性（imitability）の三つの要因によって決まるとする。VRIOとはこの三つの要因に組織（organization）を加えた四要因の頭文字である。

では,「アウトソーシングのジレンマ」を打ち破るのはいかなる「VRIO」か,というのが本稿の問いである。

本稿では, 百貨店及びSCの大型店の店舗設計を巡る企業間分業に着目する。製品開発（product development）に関する組織間関係（interorganizational relation）がこの分業を分析するには重要である。次章では, このアンバンドリング, モジュール化, アウトソーシングについて理論的な検討を行う。これは, アウトソーシングのジレンマにどのように対処しているか, すなわち同じ外部資源を利用しながら, どのように同質化を回避しているかという問いでもある。

通説であった百貨店の業績悪化が返品制度でないとしたならば, 他にその原因を求めねばならない。それが, 仮説「返品制度がもたらす, アウトソーシングのジレンマ（同質化の罠）に対処する方法の誤り, 特に1997年以降に加速した, 現場レベルの調整機能の喪失」である。これを理論的な側面と, 百貨店とSCシステムとの比較において論じる。

競争上重要な業務を外部の組織にゆだねること（外部経営資源の活用・アウトソーシング）は, 現代の分業体制では必要である。それを行わねば, 競争に敗れる。しかし, そのアウトソーシングの利用は, 競合企業にも利用可能であり, 持続的な競争優位をもたらさない。これがアウトソーシングのジレンマである。このアウトソーシングのジレンマをいかに克服するか。これが流通業のみならず, 現代の企業の新しい競争であり, そのための戦略を我々は描かねばならない。

【第3章注釈】
1) 大規模小売店舗法（大店法）は中小小売業者の保護を目的として制定された。しかし日米構造協議における米国からの批判を契機に, 1991年に改正され, 出店案件の審議期間を1年以内にし, 出店調整機関として従来の商業活動調整協議会に代えて大規模小売店舗審議会を設けるなどの規制緩和がなされた。
   1998年5月に大店法は廃止され, 2000年6月,〈大規模小売店舗立地法〉が制定・公布された。同法では中小小売業者の保護から生活環境の保全に目的が変更された。
2) GMSのオペレーション・システムが百貨店にも有効だと主張する, 例えば下川（1990）, 小山（1970）が正しいとするならば, イオン・グループの百貨店「ボンベルタ」, イトー

ヨーカドー・グループの百貨店「ロビンソン」は，大成功を収めているはずである。しかし現実は，かろうじて存続しているのに過ぎない。
3) 懸隔には，生産主体と消費主体とが異なるという懸隔があり，これには所有権を変更させるような調整・克服が必要とされる。

　また，生産と消費とが場所的に異なることから生ずる懸隔があり，これを調整・克服するには，商品を場所的に移動させることが必要とされる。また，生産と消費とが時間的に異なるということから生ずる懸隔があり，商品を一定期間在庫する，冷蔵・冷凍しておくなどという方法によって調整・克服されねばならない。また，生産と消費の単位数が異なることから生ずる懸隔もあり，これは大口の生産単位数量を個々の消費単位に適合させるべく，これを小口に分割していくことにより調整・克服がされる。他には，生産されたままの財と消費欲求に適合する財との品質への要求が異なる場合，または，財を消費するには，一定の他の財との組み合わせが必要である場合，また，一定の知識やサービスがなければ，意味がない財という場合もある。
4) 鈴木安昭（2006）『新・流通と商業　第4版』有斐閣，pp.4-33。
5) 労働の分割に，経済的な効果があることは，スミス（A. Smith）の『国富論』の冒頭で論じられている。スミスは『国富論』(An Inquiry into the Nature and Causes of the Wealth of Nations, 1776) において，自由競争による経済の調和と発展を論じ，cheap government（安価な政府）を主張した。スミスの重要な論点は，分業の価値に着目したところにある。分業はあらゆる労働の生産力を増進させる。社会の様々な活動を分割して専門性を高めることからこの生産性向上が生まれている。

　例えば，一つの工場でも，労働者を集めて集団で作業し能率を高めるだけでなく，製造工程を多くの単純化された工程に分割している。アダム・スミスは，ピン工場での工程の細かい分割とそれによる生産性の上昇の例を提示している。当時のピン製造は18程の工程があり，もし1人でつくるなら1日に20本程度しかできないが，その工程を分業化して10人でつくると1日に4万8,000本ものピンができる。業務が機械にあわせて分割・編成されることによる効果である。
6) 漁師が素手では毎日3匹しか魚をつかまえられなかった。これは，資本なしの生産である。しかし，舟や網などの資本財を用いると毎日30匹も捕獲できるようになる。網をつくり，舟を準備するには，時間とその生産期間中の食糧供給が必要である。しかし生産の量は10倍になり，搭回生産により社会はより豊かになる。
7) これを称してフォーディズムという。フォーディズムという言葉は，フォード自動車会社の創設者，ヘンリー・フォード（1863-1947）の名前に由来する。フォーディズムは，一般に，分業体制，標準部品・労働を節約する機械の効率的使用によって特徴付けられる。この領域では，経済学でいう規模の経済が働き，大量生産が効率的である。

　イギリスにおいても，繊維産業の分野で分業と機械化による作業の効率化と製品の規格化が行われていた。フォーディズムは，家屋，洗濯機，冷蔵庫，電話，ラジオなど他の分野にも取り入れられ，アメリカは，世界で最初の大衆消費社会となった。
8) イノベーション（innovation）は，シュンペーター（Joseph Alois Schumpeter）が経

済発展の根本現象として企業者・革新の理論の基礎においた概念である。今日ではイノベーションは「技術革新」とほとんど同義に用いられる。

　シュンペーターは初め「新結合neue combination」という言葉を用いた。これは，新商品や新生産方法の導入のほか，新市場，資源の新供給源，新組織の開拓など，きわめて広範な事象を包含している概念である。

　一つの分野でなしとげられた技術的革新が，急速に他の分野に広がりながら，次々と新しい革新を生み出していった，とされる。例えば，蒸気機関は，発電，繊維産業，交通システムの発展を促した。それは，また例えば鉄への需要をもたらし，新しいイノベーションを生みだす。結果，社会全体が変化する。まさに，「革命」の名が相応しい。

9)　Besanko et al.（2000）の議論を参照している。
10)　Alfred D. Chandler（1977），*Visible Hand : The Managerial Revolution in American Business.*（邦訳：鳥羽欽一郎・小林袈裟治訳（1979）『経営者の時代』東洋経済新報社）
11)　沼上幹（2004）『組織デザイン』日本経済新聞社，pp.77-86，では，分業のデメリットとして，働く人の意欲低下と並んで「調整・統合の難易度アップ」を指摘している。
12)　マーシャル（Alfred Marshall）は主著のなかで，外部効果（external effect）の概念を提示している。外部効果とは，ある経済主体の効用または生産技術が他の経済主体の行動により「市場を通さない」で直接的影響を受けることをいう。影響を受ける立場から見て，有利な影響は外部経済external economiesと呼び，不利な影響は外部不経済と呼ぶ。
13)　20世紀前半を垂直統合された大企業の時代，ととらえることに対しては，異論もある。例えばScranton（1997），Blackford（1998）。
14)　例えば，脱工業〔化〕社会（post-industrial society）という，アメリカのベル（D. Bell），トフラー（A. Toffler）らが唱えた議論がある。脱工業社会は農林水産業を中心とする前工業化社会，それに続く工業化社会に続いて訪れるとする。脱工業化社会は知識や情報，サービスなどの生産活動が中心となる。現在は脱工業化社会への過渡期であるとされる。

　同様に，アメリカの未来学者トフラーは，第3の波（third wave）としてこの変化をとらえている（Toffler, 1980）。大変革の第一の波は1万年ほど前の農業革命であった。これは狩猟民族を農耕民族に変えた。第二の波は産業革命である。これは農業労働者を工場における労働者に変えた，とする。現在は第三の波が押し寄せ，情報技術などの高度の技術に支えられている。そしてそれは，人間性を回復し，単純労働から解放する創造的な環境をつくる波であると主張する。
15)　Scranton（1997）は，アメリカの工業化過程において，従来の垂直統合された大企業に注目した20世紀初頭までの経営史に対し，「専門生産」（Specialty Production）に着目した議論を展開した。これは，ネットワーク化された専門業者によるフレキシビリティがこの時代にも大きな影響を与えてきたとする議論である。
16)　Gilbert, Nigel, Burrows and Anna Pollert（1992），*Fordism and Flexibility.*（邦訳：丸山恵也監訳（1996）『フォーディズムとフレキシビリティ　イギリスの検証』新評論）
17)　Hagel Ⅲ, John and Marc Singer（1999）"Unbundling the Corporation", *Harvard*

Business Review, March-April.（邦訳：中島由利訳（2000）「アンバンドリング　大企業が解体されるとき」『ダイヤモンド・ハーバード・ビジネス・レビュー』4－5月号，ダイヤモンド社）

18）　アウトソーシング，あるいは企業境界の問題に関連して，80年代より，特に日本の製造業の競争力との関連で関心が持たれてきた。下請けをめぐる二重構造あるいは系列と呼ばれる組織形態に関する研究は多く蓄積されてきた。特に自動車業界における分析には，藤本・クラーク・田村（1993），藤本（2001, 2003, 2004），西口（2000, 2003），浅沼（1997）を代表的な論者とする研究があり，芳醇である。これらは，取引費用理論などの影響を受けているが，関心の位置は，競争力，特に日米の比較にあった。

19）　バリュー・チェーンとはM. E. Porterが提唱した，製品が消費者に届くまでの過程で生じる付加価値の連鎖のことである。バリュー・チェーンは価値創造活動と「マージン」からなり，価値創造活動はさらに「主活動」と「支援活動」の二つに分けることができる。ある製品を想定した場合，主活動たる「購買物流」「製造」「出荷物流」「販売・マーケティング」「サービス」の五つで順に構成される。

20）　取引費用（transaction cost）とは，取引契約の締結や対価徴収，取引相手を探す費用，調整のための費用など，取引のために必要な費用である。取引内容が複雑な場合や将来の見通しが不確実な場合，または外部性・公共財の場合など，取引の便益に比して取引費用がかかり過ぎる状況では取引費用が高くなる。それが高過ぎれば，取引自体が行われなくなる可能性がある。この場合を取引費用が禁止的に高い，という。

21）　企業の境界に関する取引費用理論は，コース，ウィリアムソンを中心に議論がされてきた。コース（coase）は，世界に企業がなぜ存在するのかを問うた。ウィリアムソン（Williamson：1975）はその議論をさらに発展させ，取引費用の理論的アプローチを組織の経済学，取引契約理論などの課題に適用し，市場取引を企業内部化することの限界を示し，企業組織の統治について考察した。

　　これらは，産業リンケージあるいは，制度設計の議論である。産業リンケージ（industrial linkage）とは，生産過程において垂直的あるいは水平的に分割された組織（企業）間の連関のことをいい，部品取引のような物的なものだけでなく情報の連関についても用いる。リンケージの量や質は，取引費用の増減とその結果として生産過程の統合や分割に大きく影響する。

　　制度設計（institutional design）とは，生産・取引など経済活動を公開された市場の場で行うか，政府規制のもとで行うか，あるいは企業組織内での活動に委ねるかを，取引費用や市場の失敗または環境などを考慮しつつ組織が決定することである。

22）　Evans, Philip and Thomas S. Wurster（1999），*Blown to Bits*.（邦訳：ボストンコンサルティンググループ訳（1999）『ネット資本主義の企業戦略　ついに始まったビジネス・ディスコントラクション』ダイヤモンド社）

23）　インフラストラクチャーとは，社会生活を営む上で必要な基盤のことをいい，通常，交通手段，電気，ガス等のエネルギー提供，水道，下水道を整備することをさすが，ここでは情報のコミュニケーション・ネットワークを整備して，豊かな社会生活を送れる

ようになることをいう。
24) 例えば，池田信夫（1997）『情報通信革命と日本企業』NTT出版。
25) 例えば，いわゆる「流通革命論」として，林（1962），流通業とその他企業をチャネルとしてとらえたものでは，高嶋（1994），風呂（1998）など。
26) 注17と同じ。
27) 分科会長は今井賢一。
28) 経済産業省編（2002）『日本的組織の再構築　アンシャンレジーム（旧制度）からの脱却』経済産業調査会。

第4章

オープン化と調整

1 モジュールあるいはサブ・システムの集積としての大型店舗

　モジュール化（modularization）という概念に注目が集まっている。モジュールとは本来，建築物の各部分の系列化された寸法のことである。物流では，主に流通に関係する全てのスペースの寸法を系列化し包装の大きさを規格化することをいう。1990年代より，この言葉を製品開発あるいは組織について適用する議論が多くなっている。

　百貨店あるいはショッピングセンターもこのモジュール概念を使用して論じることが可能である。両者は，分業体制としては，建物の設置者と販売者をアンバンドリングし，それぞれの商品をブランドまたはテナントのサブ・システム，「モジュール」に分解し，それを集積している。

　現代では，従来のシステムをアンバドリングしてサブ・システム，あるいはモジュールを導入している業態，すなわち，百貨店・SCが，ファッション・衣料・雑貨という領域においては高い生産性を持ち，競争上も優位であることをすでに見てきた。

　現代の大型店舗の競争は，そのモジュールを頻繁に入れ替える「オープン化」を採用している業態同士が競合している。それは，主としてSC及び百貨店の争いである。

　百貨店に比べ，ショッピングセンターの設置自体は，比較的簡単にできる。取扱ブランドは百貨店と共通のものも多く，顧客層も重なりあう。そして，優れたモジュールたるブランド，テナントをライバルも導入することを競い合う。

百貨店・SCのそれぞれの企業は，これらの競合関係から抜け出すのにはどうしたらよいのか。これが，前章で課題とした「アウトソーシングのジレンマ」への対処という問題である。次なる課題は，「モジュール化・オープン化」の傾向のなかで，いかなる競争優位をつくり出すことができるか，ということである[1]。

　百貨店は，ショッピングセンターという，店舗の設置者と販売者を明確にアンバンドリングした業態と競合している。SCも同様の競合関係にある。ここで問題なのは，百貨店，SCそれぞれのサブ・システムの利用の仕方が異なり，どちらが優れているか，という問題である。

　アンバドリングは，外部資源の有効活用を簡単にするが，ここに陥穽がある。その陥穽とはいかなるものか，ということをまず明らかにし，その対処の方法を論じる。

　業務をサブ・システムに分解し，アウトソーシングを多用する傾向は，流通業だけでなく，コンピュータ，自動車などの製造業，金融業などにも一様に観察できる。本章はいったん百貨店・SCを離れて，モジュール化あるいはオープン化の理論的検討を行う。

2　サブ・システムあるいはモジュール化とは何か

　現代の分業体制は大きく変化している。Simon（1996）[2]は時計を例に，作業を分割し，アセンブリーに分解すれば，生産が合理的になることを示した。現代の分業体制の変化は「モジュール化」「オープン化」などの名で呼ばれ，注目を集めている。沼上（2004）の年分業の類型化に沿っていえば，機能別分業の一種と考えられる[3]。

　ここでは新しく注目されている分業として「モジュール化」を取り上げる。青木昌彦（2002）は，IT革命のもとで産業アーキテクチャに起きつつある基本的変化をとらえるキーワードとして，モジュール化，あるいはモジュラリティが示した。

　モジュールの議論には三つの系譜が存在すると青木は整理している。

　まず，主として製品開発に関わる経営学の視点から，ボールドウィン，クラーク，ラングロワなどによって研究された。特にコンピュータ，IBM360,

あるいは現代のコンピュータという製品をモジュールに分解し，分析している視点である。特に，環境の変化に対し，金融論でいうところのオプション理論を使用し，変化への対応との関係を記述している系譜である。

一方，日本の研究者によっても青木昌彦らの比較分析によるモジュール化研究の流れが存在する。組織の比較情報効率性を青木，クレマーらは，オープン・アーキテクチャ戦略として分析する。

また，日本における比較産業論的な視点からとらえたモジュール化の研究の系譜も存在する。これは，日本の自動車産業，あるいは情報産業の分析から，モジュール化に着目したものである。例えば，池田（1997），国領（1995）あるいは藤本（1997）が存在する。

これらの研究は1990年代に集大成され，藤本・武石・青島（2001）あるいは奥野・池田（2002）にまとめられているが，これらの研究はまだまだ緒についたばかりと思われ，様々な産業分野への応用はこれからである。自動車産業に関する広範な研究，例えば西口（2000）の研究は，製造に，あるいは製品開発（product development）に関する組織間関係（interorganizational relation）に大きな示唆を与えてくれる。

組織間関係とは，組織と組織との何らかの形の繋がり，単なる取引や情報交換のみならず，組織間の共同行動やパワー関係も含む概念である。本稿では，市場でも階層でもない，自律し相互依存している組織間関係に注目して議論をすすめていきたい。

3　製品の変化

先に，情報化をもたらしたコンピュータという製品それ自体の変化，そしてそれをつくり出す製造プロセスの変化，そして分業の変化という順序でこの変化を論じていく。それは，厳密に時系列で追いかけられるものではないが，因果関係は概ねこの順序をたどっていると考えられる。

ここではまず，コンピュータの歴史とその影響を追ってみる。

今日のITの発展は，1936年にアラン・チューリングの発案したプログラム内蔵型コンピュータが発明されたことによって始まった。コンピュータは，アプリケーションを変更するだけでどんな業務も実行できる汎用性をもたら

すものとして構想された。ソフトウェアは独立の「モジュール」すなわち，自己完結的な単位として，ハードウェアとは独立に開発することが可能になった。

　このチューリング型と呼ばれる現代のコンピュータは，ソフトウェアを変えることによってどんな処理もできる「汎用」の機械である。コンピュータの内部を処理装置と記憶装置に「モジュール化」し，処理装置は単純な操作だけを逐次的に実行する。一方，記憶装置には処理するデータだけではなく，実行すべき作業の手順も，プログラミングして記憶させる。これによって，プログラムを変化させ，様々な処理が可能になる。ボールドウィンとクラーク（Baldwin and Clark 2000）によれば，1964年に発表されたIBM「システム／360」でこの「モジュール化」の思想は完成したとされる。大量生産の象徴が，自動車においてはT型フォードならば，コンピュータの，この時代の象徴といえるのは，この「システム／360」であろう（池田信夫，1997，p.30）。コンピュータにはオペレーション・システム（OS：操作システム）が搭載され，ソフトウェアとハードウェアが峻別された。

　この「アーキテクチャ」は，個別の部品の性能を他に影響を与えることなく改良できる柔軟性を持っている。これはさらに，同じ部品を系列の製品で使える規模の経済性をもたらす。

　このモジュール化というアーキテクチャは，IBMの組織構造にも影響を与えた。

　コンピュータはモジュールに分解され，それを組み合わせて製造される。モジュール設計や製造は独立性の高い事業部に任されている。これは，GM（General Motors）やフォードといった傘下の企業を垂直統合した巨大企業と同様の構造である。経営者が意思決定を行い，各事業部がピラミッド型のヒエラルキーを形成してそれを実行する。そして，ソフトウェアや磁気ディスクやメモリまで全て内製化していた。これは，テイラーの科学的管理のコンピュータ版である（池田信夫，1997，p.31）。

　その後，1970年代後半から普及し始めたパーソナル・コンピュータ（パソコン）がIBMの組織に大きな影響を与えることとなる。IBMは汎用機を中心に技術を蓄積しきた。その成功体験の故に，パソコンについては内製化する

ことはしなかったし,できなかった。これは,IBMの大型機における成功体験の結果,その成功に過剰適応したが故である。そしてまた,パソコンをニッチな製品であると捉え,現在のような市場規模になるとは予測しなかった。その結果,1981年に,パソコンをシステムの中核となるCPU（中央演算装置）やOSまで外注するという形で短期間に設計した。

この外部の力を利用する「オープン・アーキテクチャ」が,パソコンとその周辺,ソフトウェアに至る現代の産業に大きな影響を与えることとなった。

IBM-PCのCPU（中央演算装置）はインテルが,OSはマイクロソフトが製造していた[4]。当初はPC互換機をつくることは不可能であったが,リバース・エンジニアリングによってこの問題を解決し,他社も同じ機能を実現することに成功したのである。これによって,誰でもIBMと同じ規格のパソコンを製造することが可能になった。これはコンパック,あるいはデルといった競争者を呼び込む結果となり,IBMが市場を失うきっかけとなった。

また,このパソコンにおいては,ソフトウェアとハードウェアは完全にアンバンドル（分離）された。ハードウェアとソフトウェアが完全に分化することによって,企業もそれぞれの階層に特化した。これは,それまでの垂直統合の解体である。そして,そのOSの上で働くアプリケーション・ソフトウェアの市場においては,ベンチャー企業を含む中小規模の多数の企業が鎬を削る事態となった。一方で,メモリなどの半導体は,規模の経済が大きく働くため,巨額の設備投資が可能な企業の寡占化の傾向が強まった。

現代における代表的な製造物であるコンピュータとソフトウェアという製造物を,いかに競争上の優位を持ってつくり出すかを競った結果,単なる製品構造の分化であったものがそれをつくり出す産業,組織を分化させ,垂直統合を解体し,アンバンドリングの状態を引き起こした[5]。

国領（1995, pp.12-15）は,従来の「囲い込み型」経営から,「オープン型」経営に移行しつつあると主張している。これは,①外部との取引に標準インターフェイスを採用することによって,他企業との連携がしやすい環境を作った上で,②自社事業領域内の,必ずしも得意としない部分は,積極的に他企業に補完させながら,最終需要を満たしていく戦略と要約される。

この「オープン」なアーキテクチャによって,周辺機器やアプリケーショ

ンは急速に発達し，アップルなどの先行メーカーを抜いて，パソコンの事実上の標準となった。まさに『オープン・ネットワーク経営』の勝利であった。

4　変化の拡大

同様の動きは，コンピュータとその周辺だけではなく，他業種にも拡がりをみせている。本稿における店舗と，そこにテナントとして所属するサブ・システムの活用も同様である。SCの隆盛及び1985年以降の百貨店の変化は，店舗の設置・運営者と，個別の商品の販売者をアンバンドリングし，後者を入れ替えるアーキテクチャ構造としてとらえることができる。

百貨店あるいはSCにおいても，これらの変化は先に店舗設計の変化として起こった。百貨店の変化について論じた通り，1980年代後半以降，百貨店の高級化の流れから大規模なリニューアルが行われ，その際に，高級ブランドという名のサブ・システムが導入された。それが，組織やシステムの変化を引き起こしたと考えられる。

ただし，我々は，部品の議論と組織の議論を峻別しなくてはならない。製品の製造プロセスが，組織に変化をもたらすという議論は認めるとしてもそれはイコールではない。アンバンドリングしたそれぞれのモジュールの製造を，垂直統合によって，同一組織内で生産したほうが有利という場合もあるからである。

企業は，使用する財を内製するか，外部から市場を経て調達するかを決定する。市場調達する際に発生する，①調達相手を探索するサーチ・コスト，②契約書を作成する費用，③契約を強制する費用，などを取引費用という。この取引費用を考慮して，企業は判断する。もちろん，組織内で調達する場合においても，取引費用は発生する。取引費用（transaction cost）があまりにも高い場合，取引内容が複雑な場合や将来の見通しが不確実な場合，または外部性・公共財の場合など，取引の便益に比して取引費用がかかり過ぎる状況では，取引自体が行われなくなる可能性がある。

取引費用が，①内部で管理する費用と，②内部で製造するために失われる規模の経済性よりも，高ければ，企業は部品の調達を内製化し，企業の境界は拡大する（つまり垂直統合する）。取引費用の低減のためには，どのように，

組織を効率よくモニタリングし，動機付けを行うか，すなわちガバナンスするかを考える必要がある。

市場ではないが，組織の内部というわけでもない，いわゆる中間組織，ネットワーク型の組織間関係を主として取り扱うが，そこにも取引費用が発生してくる。そこに主として観察されるのは，企業間関係の取引ではあるが，その取引はアドホックなものではなく，一定の期間，継続するという前提をおいた企業間の取引である。一定期間継続する取引をおこなえば，そこに，ルーティン（慣性，ルール，規範）の発生がある。環境が安定的であれば，取引の反復によって，契約当事者は学習し，取引は反復的な行動となりパターン化する。この場合，取引費用は長期的には軽減されていく。反復的な行動によって，コストの低いガバナンスが行われ，そこから外れた行いは自動的に制裁される。

モジュール化においては，その製品のつなぎ方，すなわち，インターフェイスについては，事前に，厳密な形で決定されている。そこから外れた規格の部品は，繋がらない。繋がらないことにより，制裁され淘汰される。

モジュールのあるソフトウェア言語では，変数や手続の一部について，モジュール外部からのアクセスを禁止できる。これによって，外部からの不用意なアクセスによってモジュールのデータの一貫性が損なわれないようにできる。この機能を情報隠蔽やカプセル化などと呼ぶ。

このカプセル化が厳密ならば，その部品の開発を別のチーム，あるいは別の組織が担当したとしても，調整に関する余分な費用は発生しない。

モジュール化されていない，すなわちつなぎ方が厳密でない部品においては，一つの部品の進化，あるいは変化が，他の部品に大きな影響を与える可能性がある。その影響があるがゆえにそこに調整のための費用を支払わなくてはならない。

カプセル化されているか否かは，オープン・システム（open system）に関する議論でもある。システムは，外部環境との間の相互作用の有無により，オープン・システム（開放体系）とクローズド・システム（閉鎖体系）とに区分できる。前者の特徴は環境との間で，情報などの交換を行い，それにともなって内部の構成要素や構造を変化させる。後者の特徴は，環境とは独立

であることである。モジュール化され，カプセル化されたものは，インターフェイス（つなぎ目）以外では，クローズド・システムである。

競争は，そのつなぎ目を尊重し，そのカプセル化されたなかで行われる。逆に，競争，イノベーション，創意工夫は，他の部品に影響を与えることなく進化することができる。それは，競争もその部分だけで，激しく行うことができる。競争のカプセル化によってその部品の開発効率は格段に進む。それは，その開発において，他の部品との調整に必要なコスト，取引費用を支払うことなく，開発に専念できるためである。いいかえれば，部分部分を，互換的（compatible）による効率性がモジュールに注目が集まる理由である（鶴，2002）。

5 モジュールのメリット

したがって，モジュール化が可能な製品にあっては，モジュール化しないで全体を調整していく形の開発分業体制よりも，結果として進化が早く，コストの削減や全体の効率アップが素早く行われる。

百貨店あるいはショッピングセンターにおいては，流行の，あるいは優れた製品やブランドを，販売に関わる従業員まで含めて，外部から取り入れることが可能になる。それは同様の製品を自社で開発し，販売体制を構築することと比較すれば，それを取り入れる効率性で優位になる。

情報技術によるプロセスのモジュール化は，異なる組織や企業がそれぞれのプロセスを担当しやすくする。その代表的な例は，情報産業であろう。製造業では，大企業がサプライヤーや流通を掌握して垂直統合し，フルラインの製品を供給する。対して，情報産業はモジュールの一つのパーツに特化して開発することが可能である。工場を持たないで，開発のみに特化するなど，分業が促進される。近年，特定の製品・機能に特化した分業は，情報産業だけでなく旧来の製造業や金融等のサービス業にも広がりつつある。専業化（single business strategy：企業が単一の事業分野のみで事業を行うこと）のメリットは，資金，技術，あるいは情報といった経営資源を，特定の分野に集中することができ，その結果，企業学習が効率的に行うことができる点にある。

一方で，情報技術の進展によって，製品開発のプロセスをモジュール化することも可能になっている。例えば，3次元CADを利用した設計の分業可能性などがそれである（竹田，2000，2001）[7]。

　あるシステムをいくつかの部分にわけて分業をすること自体による効率性は，アダム・スミスによってすでに指摘されている。モジュール化とは，その分業がさらに発展し，製造プロセスにおける生産性向上にとどまらず，製品設計時の生産性に寄与する，という議論でもある。さらに，その製品を構成するデバイスの議論から発展し，そのデバイスを製造する企業の企業間関係をも規定するという議論に発展しつつある。

　もう一度整理するなら，モジュールという分業形態は，以下のメリットを持つ。
(1) アダム・スミス的な製造時における生産性向上に繋がる分業促進
(2) 製品開発分業の促進による製品改良プロセスの進化
(3) 製造物のみならず，組織間・企業間関係の進化

6　モジュールとオープン・ネットワーク

　モジュール化と密接に関連する概念としては，オープン／クローズドがある。モジュール化と関連付けられるときのオープン／クローズドとは，通常，モジュール間のインターフェイスが他の企業や他の製品に通用する程度のことを指す。モジュール化されたアーキテクチャにおいて，広く通用するインターフェイスはオープンであり，ある組織の部分，その下請けなど特定のグループ内でのみ通用するインターフェイスを持つ場合は，クローズドなアーキテクチャである。

　アーキテクチャは，互換性の有無によって，オープンなのか，クローズなのかが規定される。規格化あるいは標準（standard）を設定し，これを活用する行為は，互換性の重要な基礎である。

　例えば，コンセントや電球，自動車のタイヤの規格などは，その接続方法などが規格化され，極めてオープンなインターフェイスを持つ。前述のパソコンもその規格は統一され，どのメーカーのメモリであれ，一定の規格を満たしておれば製品に対応できる。パーソナル・コンピュータの各部品や周辺

機器との接続の場合，相互依存性は極めて少ない。異なる製造元の部品を寄せ集めてデスクトップのパーソナル・コンピュータを組み立てることは簡単である。しかし，大きさに制約のある小型のノート型のパソコンでは，形状や重量の制約により同様の行動は，比較的に困難になる。デジタル信号によってお互いを結び付ける情報関連機器は，オープン化が比較的容易である。対して機械製品は，物理的な形状・動作によって連結され，インターフェイスが必要になるために難しくなる。

　しかし，オープン／クローズドは相対的なものであり，厳密に峻別することは難しい。前節で触れたモジュール化という新しい形の分業に注目が集まっているが，モジュール化と同様大きなインパクトを持っているのが，モジュール化と同時並行的に，そして因果関係を持ちながら進行しているアーキテクチャの変化，特にオープン・アーキテクチャの傾向である。

　これは，情報技術の進展によって，サーチ・コストが下がっていることが大きい。一瞬にしてインターネットを通じて，コストが安く，性能のよいものを探し出すことができる。情報化，グローバル化により，顧客は世界中から，よい品，欲しいブランドの情報を得ている。流通業も，世界中から広く調達，仕入れを行わなくてはならない。情報化の進展以前は，世界中に調達網を敷くコストは非常に高いものであった。例えば，取引相手を探すのに商社を通じて取引を行う，というコストが必要であった。それでさえ，期限通りに，規格通りのものが，約束したコストで入荷するかどうか，その保証を得るのはきわめて難しく，モニタリング，インセンティブのコストといった取引費用が膨大であった。したがって，内製し，あるは，下請系列から調達するのは，ある程度合理的な行動であった。しかし，その合理性が情報化によってゆらぎつつある。

　しかし，一方，そのように世界中から，または取引実績のない企業から調達したものが自社の製品に合わない規格であったなら，意味を持たない。インターフェイスがオープンになって初めて，そのグローバル化，あるいは取引先の多様化は意味を持ち得る。またaccuracy（精度）を確保することも重要である。

　情報産業以外のあらゆる分野で，この情報技術の利用によって生産・取引

プロセスの,アーキテクチャの再構築が行われつつある。これは,情報技術の発展により,サーチ・コストが低下し,またはグローバル化によって,世界中からより安く,より精度の高いものを調達することが有利になったことによる。

ただし,モジュール化・オープン化と一括りにされて論じられている事象を現代の分業の変化としてとらえた場合,定義通りの分業としてのモジュールは,ほとんど存在しない,と思われる。この理由については,後述する。また,モジュール化と同時に進行しているオープン化のほうが観察しやすい。

藤本（2001,p.6）図表4-1はモジュール化とオープン化との関係を四正眼にマトリックス化している。そして,モジュールと対比される概念としてインテグラルを提示している。モジュールが,情報をカプセル化し,インターフェイスによってのみ外部とのやり取りを行うのに対し,「インテグラル」は,中央からの広い領域にわたる,摺り合わせ調整を行うという概念である。それぞれの部分の相互関係を示したものがアーキテクチャと呼ばれている。この「アーキテクチャ」概念を軸にした戦略論,組織論が発展しつつある（藤本・武石・青島,2001）。「アーキテクチャ」とは,どのようにして製品を構成部品（モジュール）に分割するか,そこにどのように,製品機能を配分するか,必要となる部品間のインターフェイス（情報やエネルギーを出し入れする結合部

図表4-1　アーキテクチャの分類

	インテグラル	モジュラー
クローズ	自動車 オートバイ 小型家電	汎用コンピュータ 工作機械 レゴ（おもちゃ）
オープン		パソコン パッケージソフト 自転車

出所：藤本（2001）

分）をいかに設計・調整するかに関する基本的な設計構想のことである。藤本（2003）は，アーキテクチャという概念に着目する大きな理由は，第一に応用範囲の広さ，第二に事前測定が可能であること，と述べている。事前設定が可能である点とは，ケーススタディに頼る議論の欠点である成功事例を取り上げてその成功の「事後」にその一部を取り出して成功「要因」とするという傾向に対し，事後ではなく，事前説明力を持つことが期待されるということである。また，「応用範囲の広さ」とは，製造業であれ，サービス業であれ，従来の産業の枠組みを超えて分析が可能であることである。現代の経済において，ほとんどの商品は，それが製造業であれサービス業であれ，事前に設計されたものである。

　藤本は，世のなかのあらゆる製品を「設計情報がメディア（情報を担う媒体）の上に乗ったもの」とみなす。製品の価値は設計情報に大きく左右される。設計情報が媒体に転写されたものが製品であり，設計情報が有形物に転写されれば製造業，無形媒体に乗って顧客に提供されればサービス業である，とする。この意味で，製造業とサービス業の区別は，メディアの相違に過ぎない

　百貨店あるいはショッピングセンターの店舗設計は，アーキテクチャの原義である建築用語の概念に極めて近く，店舗という建物，システムのなかに様々なサブ・システムを取り入れて店舗が構成される。その構成要素は，テナントであり，ブランドである。これらテナント，ブランドを，クローズドで，すなわち自社で調達を行うのか，オープンで行うのかは重要な問題である。また，サブ・システムにしても，その店舗の事情にあわせた調整を行うのか，行わないのかも重要な問題である。

7　アウトソーシングのメリットとコストの発生

　アウトソーシングは，相対的にオープン性を持つ。社内のクローズドな処理を外注するというアウトソーシングにおいては，オープン性，すなわち，各部品間を接続するインターフェイスは定められていて，他の企業の部品と比較的容易に取り替えられる製品と同様の性質を持つ。アウトソーシングする対象のサービス製品は，容易に取り取り替えが可能である。

しかしながら，そこには，調整が必要になる。工業製品の部品のモジュール化のように予めルールが全て定まっているわけではない。そこには，インテグラル性，すなわち，部品間の情報や役割がカプセル化されていない特性がある。すなわち，部品の変更は，他に影響を与える。そして，全体の再調整を必要とする。つまり，アウトソーシングはオープンでありながら，インテグラルな調整を必要とする[9]。

　IBM360をはじめ，パーソナル・コンピュータがそうであったように，製品のモジュール化が，それを生産する組織体制に影響を与える。コンピュータ，情報通信ネットワーク，ソフトウェアといった情報関連産業は，製品そのものがモジュール化によって発展し，その改良のスピードアップもあってそれぞれの産業が分化した。このような，情報技術と組織・産業の相互作用を考えると，情報技術が取引のベースとして活用されるようになることによって，産業や取引のプロセスが変化する。モジュール化は，製品のつくり方だけではなく，現代の企業体制を分析する重要な概念として浮上する。従来のバリュー・チェーンをモジュールという概念をキーワードに再分析をしてみる必要があるだろう。

　製品のモジュール化が，それを製造する組織を決定付けた。現代においては，それはバリュー・チェーンでいう「主活動」以外の場所でも大きな変化が生じている[10]。このバリュー・チェーンをいくつかのサブ・システムに分解すれば，異なる組織によって業務を行うことがある。実際，例えば「人事・労務管理」においては，給与や保険の計算などを専門に受注するアウトソーシング企業，社内教育を担うアウトソーシング企業，などが業務を拡大している。また，「技術開発」を専門に担う企業，「調達活動」を主に担う企業が隆盛を極めている。いわゆるアウトソーシングを担う専門企業の拡大である。

　いわば，「サービスのサブ・システム」「サービスのモジュール」を提供する専門分業企業の存在感が大きくなっている。

　部分品，部品構造の変化は，その生産や取引などのプロセスについても変化をもたらした。部品のモジュール化から，設計過程のモジュール化へ，そして製造分業のモジュール化，さらに，バリュー・チェーンそのもののモジュール化が進行しているようにみえる。これらは，当初のモジュール化の概

念とは異なる。しかし，組織や産業における分業がどのように変化するのかについては重要な示唆を与えてくれている。

　ただし，厳密なモジュール化を達成した組織は，ほとんど存在していない。モジュールを構成する組織一つ一つが独立し，他への関係は，予め定められたインターフェイスによってやり取りされ，それ以外の情報はカプセル化されている，というのがモジュールである。デスクトップ型コンピュータはそのような構成である。デスクトップ型であれば，個々の部品を取り替えても，他の部品設計に影響を与えない。しかし，同じパソコンであっても，ノート型のそれは，重量や形状の摺り合わせが必要になり，狭くとらえれば，モジュールとはいえない。

　組織，というものについて，そのような，いわば，予め定められたインターフェイス，を使用した調整，すなわちフォーマルなコミュニケーションだけを行う組織間関係を想定することは難しい。フォーマルなコミュニケーションとは，例えば，全ての企業間関係を契約によってコントロールするような関係である。

　組織においては，デザイン・ルール通りにコミュニケーションが行われ，すなわち，予め定められたフォーマルなコミュニケーションのみで成立する組織間関係というものは，想像しにくい。そこには，人的な繋がりや，マニュアル以外の配慮，といったものは一切存在しない，ということである。すなわち，これは，完備契約である。完備契約を実現することは禁止的に困難であるので，モジュール型組織というものはまだ現在では，アナロジーにとどまる。

　もちろん，それは契約には意味がない，ということではない。アウトソーシングにおける企業間関係においては，それは「オープン」ネットワークであり，長期的な関係があるように見えても，契約書に定められた短期的な関係が何回か繰り返されているという場合が多い。アウトソーシングの受託関係においては，「相見積もり」を前提としたオープンなトーナメントによる結果としての受託というケースが多いためである。アウトソーシング関係においては，何をどこまで，いつまで行うかということを記載した契約書を交わし，その範囲で業務を遂行することが多い。もちろん，この契約がいわゆる不完

備契約であることは自明であるが,それでも,何らかの契約条件が書面で明らになっていることの意味は大きい。何も契約関係がなければ,企業間関係が,暗黙知(tacit knowledge)だけで成り立つことになる。契約書という形式知がそこに介在すれば,移転が可能あるいは容易になるといえる。ある程度,暗黙知を形式知化することができる[11]。それはインターフェイスをある程度ルール化する。

移転が可能ということはすなわち企業の入れ替えが可能であるということである。「契約」というインターフェイスが明示されることによって,企業の関係と責任範囲がある程度明確になり,そこに新規の参入が生まれる余地がある。

そして,現代では,インターネットなどの手段によって,広く公募をかけることができる。公共的な入札においてはそれが普通になりつつあり,電球や事務用品といった物品調達でさえ,現代における我々は,そのオープン性をインターネット検索するだけで見ることができる。

一方で,「モジュール化」が注目を集めているが(例えば青木,2002,奥野・池田,2002,藤本・青島・武石,2001),厳密には「モジュラー」と呼ばれているものは,「オープン・モジュラー」であり,「オープン・モジュラー」には,
(1) オープン性に起因するメリット・デメリット
(2) モジュラー性に起因するメリット・デメリット
の両者が存在する。

我々は「オープン性」と「モジュラー性」を峻別して論じなくてはならない。

オープン性のメリットは,例えば,国領(1995, 1999, 2001)の強調するところである。国領(2001)[12]は,インターネットの発達により「広い範囲で情報共有が可能になり,様々な人間の知恵を接触させ相互作用を引き起こす」ことのメリットに言及している。

今まで,存在を知らない人々,企業が,インターネット等の普及によりサーチ・コストの低下によって取引が可能になる,というのが,この「オープン」性にまつわるメリットである。これについては前述した。

モジュラーのメリットは,カプセル化(encapsulation)である。カプセルとはオブジェクト指向プログラミングが持つ特徴から来た用語である。デー

タとそれを操作する手続を一体化して「オブジェクト」として定義し，オブジェクト内の細かい仕様や構造を外から隠蔽する。外部からは公開された手続を利用することでしかデータを操作できないようにすることで，個々のオブジェクトの独立性が高まる。カプセル化を進めることによりオブジェクト内部の仕様変更が外部に影響しなくなり，ソフトウェアの保守性や開発の効率が高まり，プログラムの部分的な再利用が容易になる。カプセル化とは，他に影響を与えないことでもある。

　インターフェイスを限定し，そこに予めアーキテクチャ・ルールを定めることにより，カプセル化するものと，共有するものを峻別することができる。

　国領（2001）は「オープン・アーキテクチャ」により「大会社のなかでは突飛とみなされチャンスを与えられないアイデアにチャンスを与え得る」としているが，これはオープン性というより，モジュラー性に起因する。他に影響を与えない，という特性が，いわば突飛なアイデアも実現性を持つことになる。それはリスクがそこに限定されるからである。

　井上（2003）[13]はこの，「企業間関係のオープン性」のメリットを二つに分化しているが，この分け方は本稿にもそれぞれ対応する。

(1)　取引の無かった業者との取引の開始または可能性
(2)　企業間のインターフェイスの標準性

　前者は，オープン性に起因するメリットであり，後者は，モジュラー性に起因するメリットである，といえる。

　後者のインターフェイスの標準性は，製品でいえば，あたかも電気コンセントのように，あるいはコンピュータのUSBのように，簡単に接続の変更が可能で，そして，変更しても接続に影響を与えない。カプセル化ができているが故のメリットである。

　しかし，組織においては，このカプセル化は，難しい。これを可能にするためには，組織同士が完備契約を結ぶことが必要になる。それが可能だとしてもその契約を交わす取引費用は膨大なものになり，カプセル化のメリットを上回る可能性が高い。組織間にはコミュニケーション・ギャップ（communications gap），すなわち相互理解の欠如が存在する。コミュニケーションとは，情報や意見を相手に正しく伝えることであるが，これは情報を，

ただ技術的に相手に伝えることではなくて，情報の送り手が受け取ってほしいと思ってる意味内容のものを，情報の受け手側が，正確に理解して受け取るということである。しかし，両者の間で情報を解釈するための文化的背景や価値観が著しく異なる場合，同じ情報に接しても異なる解釈，デコードがなされて，円滑な情報の伝達が困難となる。企業間の文化のちがいを想定した場合，そのギャップは大きくなる。

したがって，組織の「モジュール化」についてのメリットは，二つの側面のうち，オープン化に起因するケースが多いと考えられる。

例えば，調達の系列からの解放，インターネットによる部品や原材料の調達のオープン化である。例えば，庶務業務における「アスクル」の利用などの例はこれらである。

オープン性のメリットは，取引先数の増大とそれによる競争の拡大，それによるコスト低下などの恩恵をもたらした。百貨店・SCのブランドに関していえば，世界中から売れるブランドを取り入れることが容易になった。インターネットを利用した商品の調達なども普及しつつある。背景にはPOSの普及，バーコードシステムの普及などがあり，世界中から売れる可能性のある商品を探し，調達することが容易になっている。

8　オープン化の陥穽

企業系列は，大企業が傘下に多くの子会社，関係会社，系列会社を抱え，これらを直接・間接に支配またはコントロールしている。これは，一般にはタテの系列と呼ばれる。企業系列という言葉は日本では第二次世界大戦中に使われだしたが，下請制の発展したものとしてとらえられている。大企業にとっては，このタテの系列のメリットは，中小企業との賃金格差の利用，リスク回避などの目的で行われていることが多い。株式所有，役員派遣，融資などにより，企業系列を維持する。これがタテの支配形態である。[14]

しかし，現代のアウトソーシングを多用するネットワーク型企業間関係においては，下請けであるアウトソーシング受託企業，部品を製造し納入する企業の規模が大きく，交渉力も強いということは珍しいことではない。タテ系列の上下関係から，ヨコ，あるいは対等のネットワークの協力・共同関係

への変化である。

　基本的に,「ネットワーク」とは,役割や上下関係がはっきりしていない,あるいはその関係がその都度,変化するものである。従来の下請系列ならば,企業間関係は,擬似的なヒエラルキーである。サービスや部品を納入する企業は「下」であり,また規模も小さく交渉力も弱い,というのが一般的であった。[15] 現在は,納入する企業が小さく,交渉力が弱い存在であるとは必ずしもいえない。

　共同作業においては,必然的に,何らかの「調整」が必要になる。ネットワーク組織おいては,この調整が重要である。調整費用とは,取引費用の一つである。

　大量生産時代における共同作業は,専ら「ヒエラルキー」によって調整されてきた。垂直的統合 (vertical integration),すなわち,生産工程の前後にある分野の企業の統合を行い,指示命令によって調整を行う。生産数量,コストなどの適切な設定,取引費用節約,及び市場ニーズへの迅速かつ的確な対応などが目的である。

　系列 (keiretsu) も同様に,一般的には大企業と中小企業等との間で形成される故に「タテ」の企業間関係であり,親会社である大企業が,各系列企業を,金融,人的関係などを担保として,擬似的なヒエラルキーに組み込む。

　しかし,この関係は現代の製品においては変化しつつある。

　IBM-PCの「仕様の公開された」オープン・モジュール[16]のパソコンでは,ソフトウェアとハードウェアは完全にアンバンドル(分離)された。そして,仕様の公開によって,様々な互換性のある部品が製造された。これにより部品のコストは下がり,能力は急速に向上し,先行するアップルのパーソナル・コンピュータを駆逐した。

　これにより,市場から様々な部品を購入し,組み立てるだけで,さほどの技術を必要とせずにパソコンの製造が可能になった。そのために,コンパック,デルなど,技術力はさほどでもないが,市場から部品を安く調達可能で,安く早く製品を消費者に届けることが可能な新しいライバルの出現を許した。

　また,従来は,IBMにとっての「下請け」,アウトソーシング先に過ぎなかったインテルとマイクロソフトの台頭を許した。結果としてIBMは,この二

77

つの会社に, ネットーク外部性を持ったデファクト・スタンダードを持たせることになった。この結果, 両者にボトルネック独占が生じた。IBM-PCは, 業界のスタンダードとなったが, 市場での優位性を両者に明け渡すことになった。[17]

このエピソードは, オープン化における二つの陥穽を表している。
(1) オープン化は, 持続的な競争優位の源泉になり得ない
(2) オープン化した結果, 従来の取引先にボトルネック独占を許し, 主導権を握られる場合がある

オープン化を行うことは, 持続的な競争優位の源泉になり得ない, というのは以下の問題を生ずることである。短期的には, それによって, 新規の取引先が拡大し調達先が多様化し, コストの低減が行われ, アウトソーシングの利用のメリットを享受できるかもしれない。これは, 効率を増大させ, 製造原価を引き下げ, 競争優位をもたらす。しかし, それは容易に模倣が可能である。ライバルは, その外部資源を利用できる。コンパックやデルの台頭がその実例である。

リソース・ベースト・ビュー（RBV：resource-based view）とは, 競争優位をもたらすレント（rent）の源泉を企業自身に求める議論である。本当に大切なものは, その企業の持つ資源のユニークさとそれを形成する資源を蓄積する能力であるとする。従来の競争戦略論では企業の市場環境の分析を重視する。同じ環境に対しては, どの企業もほとんど同じ一般的に利用可能な資源を用いることとなり, 可能性においても似たような結論になり, 平均以上の利益を生む競争優位は構築できない。

リソース・ベースト・ビュー（RBV）では, 企業は互いに本質的に異なるものであるという事実認識から出発して, 企業の持つ資源の特性とその変化に結び付けて, 競争優位の創造と維持と再生を説明・分析しようとする。ペンローズ（Penrose, 1959）の議論から, バーニー（Barney, 2002）によりまとめられ, それまで競争戦略の中心をなしていた, 企業の置かれた産業構造を重視する議論を補完した。[18]

企業が成長するためには, 資本や労働力を必要とする。同様に経営能力, 資金や材料調達能力が必要である。資金調達力や販売力, 従業員管理能力や

経営管理についての知識と経験などをペンローズは，総称して経営資源と呼んだ。ペンローズは，企業の成長にやがて限界がくるのは，物理的制約からではなく，この経営資源が相対的に不足するようになるからだ，と主張する（Penrose, 1959, pp.42-43）。

　バーニーは，VRIO分析を提唱し，ある資源が競争優位をもたらすかどうかは，資源の価値（value），希少性（rareness），模倣可能性（imitability）の三つの要因によって決まるとする。VRIOとはこの三つの要因に組織（organization）を加えた四要因の頭文字である。価値がありかつ希少な資源を保有することで「一時的な競争優位」が得られ，さらにその源泉が競争相手にとって模倣困難なときに「持続的な競争優位」がもたらされる。競争優位を持続可能にさせる三要因に加えて資源を活用するためには適切な組織能力がなくてはならない。[19]

　オープン化した結果，従来の取引先にボトルネック独占[20]を許し，主導権を明け渡すということについていえば，まず二つの製品を事例としてあげてみたい。オープン・モジュールの代表的な製品は，パソコンと自転車だといわれるが，双方ともに，そのオープン規格をつくり出した組織は，メリットを享受してはいない。パーソナル・コンピュータの規格をつくり出したIBMより，インテルとマイクロソフトが主導権を握っている。自転車の世界でも，その製造工程上，組み立てよりも部品製造過程の比重が高いため，他の組立産業に比べ部品メーカーの地位が高い。結果，力を持っているのは，シマノをはじめとする部品メーカーである。自転車はハンドル，ギヤ，フレームなどの自転車部品が規格化されており，量産効果が大きいため，部品ごとに専業メーカーが発達している。

　本稿のテーマである百貨店・SCの周辺にその事例を求めれば，ルイ・ヴィトンをはじめとする特選ブランドの導入，発展の歴史がある。

　1977年，日本進出にあたり，ルイ・ヴィトンは百貨店と契約を結ぶことを試みた。ルイ・ヴィトンのブランド・イメージをコントロールするため，詳細な契約条件を百貨店に認めさせようと試みるが，「当時のルイ・ヴィトンの力では勝ち目がない」（秦，2004, p.34-39）と思われた。結果，好意的であった高島屋及び西武百貨店と契約を結ぶことになる。当時は，まだルイ・ヴィ

トンの知名度も一般には高くはなく，百貨店の持つブランド・イメージが必要であった。ルイ・ヴィトン・ジャパンは，全て百貨店内に5店舗でオープンし，初年度12億6,000万円の売上げを達成する。

しかし，2003年度の売上げは，1,529億円であり，国内に展開する49店舗のうち，百貨店外に展開するのは11店舗である（2005年3月現在）。この規模や，あるいは独立店舗の存在から見ても，もはや，百貨店のブランド・イメージを必要としない存在となっている。ルイ・ヴィトンそれ自体の知名度と人気だけで十分に顧客を引き付けることができる。

これらの特選ブランドなど一部のブランド，取引先は，もはや，百貨店・SCの「下請け」，一問屋，取引先ではなく，百貨店をはるかに上回る交渉力を持つ存在である。特選衣料雑貨だけではなく，食料品においては虎屋，ゴディバなど，雑貨においては，化粧品の海外ブランドなどがこれ相当する交渉力を有する。

これらのブランドに対しては店舗面積，倉庫などの契約条件において，百貨店は譲歩を繰り返すことになった。これらの特選ブランドを百貨店・SCが独自に創り出すことは不可能に近い。これらブランドは，販売を含めて独立したサブ・システムであり，買い取って自主的に販売することはできない。それは，独自のブランド・イメージを守るために，販売員の教育から，包装紙，店舗の設計まで含め，百貨店のなかに位置しても，百貨店店舗とは独立した存在である。当然，百貨店に商品の処分権，価格決定権を移行する買取条件での取引は指向せず，委託あるいは消化で商品に対する所有権を留保することを絶対の条件にする。「買取条件」で，百貨店側が自由に価格を設定できるならば，それはブランド・イメージに大きな影響を与えるからである。ルイ・ヴィトンは，百貨店がその費用負担で行う社員への割引販売やカード顧客へのポイント付与さえ拒否している。

これら，独自のイメージを尊重するブランドはイン・ショップ形式[21]で販売される。反対の概念としては，「平場（ひらば）[22]」があり，複数のブランドを横壁の仕切りを付けずに展開している売場をいう。かつては，百貨店の売場は平場が中心だったが，1985年以降，百貨店の高級化の流れのなかでイン・ショップが増加している。高級感を演出するブランドには，この形式が必要

だからである。しかし，このイン・ショップは，それ自体が独立したサブ・システムであり，他のオープンなショッピングセンター，百貨店にそのイン・ショップ単位で移転できる。さらに，レジスター等を備えればいわゆる独立した店舗にすることも可能である。

このように，オープン化を契機として主導権が移る危険がある。しかし，オープン化を行わなければ，競争には勝てない。

百貨店においては，これらの有名ブランドの導入を行わずに，1985年以降の高級化，差別化の競争に参加できないことは自明である。SCにおいては，そのブランドの集積そのものが業務の中心である。しかし，それは主導権の喪失を意味し，またライバルがその資源を導入することを許す。では，オープン化しながら，主導権を失わず，競争優位を保つにはどうしたらよいのか。

【第4章注釈】
1) 別の表現をすれば，百貨店危機の本質は，この「アウトソーシングのジレンマ」への対処の誤りではないかという仮説である。
2) Simon, Herbert A. (1996), *The Sciences of the Artificial,* third edition.（邦訳：稲葉元吉・吉原秀樹訳（1999）『システムの科学 第3版』パーソナルメディア）
3) 沼上幹（2004）『組織デザイン』日本経済新聞社，pp.106-110。機能別分業のインターフェイスが標準化した場合を「モジュラー化」と定義している。
4) Carroll, Paul（1993）*Big Blues.*（邦訳：近藤純夫訳（1995）『ビッグブルース コンピュータ覇権をめぐるIBM vs マイクロソフト』アスキー出版局）
5) 現代の組織の形態は，様々な基準で分類することが可能である。Langlois and Robertson（1995）は，所有権の統合の度合いを縦軸に，調整を統合的に行う度合いを横軸にしてネットワーク組織を分類した。そのうち，所有権の統合の度合いは低いが，調整が行われているネットワーク型組織がここでの分析の対象である。
6) モジュール化，あるいはカプセル化はもともと，コンピュータのソフトウェア工学の概念である。プログラムは大きくなればなるほど，全体を一度に見渡して理解することは困難になる。そのため，プログラムをいくつかの部分（サブ・システム）に分割して，その部分単位で開発する。その個々の部分をモジュールと呼ぶ。
7) 竹田陽子（2000）『プロダクト・リアライゼーション戦略 3次元情報技術が製品開発組織に与える影響』白桃書房。同（2001）「情報技術による分化・統合のマネジメント 製品開発プロセスにおける3次元情報技術利用の事例」『組織科学』Vol. 35 No. 2。
8) グローバリゼーション（globalization）ともいう。インターネットをはじめとした，運輸・通信手段の飛躍的な発展の影響から，国境をこえた経済的・政治的あるいは文化的・

9) オープン・インテグラルな製品は存在しないのかといえば，藤本らが描くマトリックスにおいては，この象限は空欄であり，現実には存在しないものとされる。奥野・池田 (2002, p.35)，阿部 (2001, p.268) でも，これに相当する部分は空欄である。たしかに，「製品」というものを工業製品ととらえるならば，それはありそうにない。設計が終わった後に，部品を取り替えることが容易であって，容易でありながら，それを調整したほうが合理的なもの，ということである。もちろん，好事家相手のものであるならば，上記条件を満たすものは存在する。

実際には，厳密な尺度で各製品の「インテグラル度」「モジュラー度」「オープン度」などを測定することは容易でなく，実際には困難が多い (藤本・武石・青島，2001)。企業間関係において，オープン性，すなわち，サブ・システムを設計する企業が煩雑に入れ替わりながら機能を保持し，なおかつ，全体を調整したほうが合理的な工業製品を見つけるのは難しい。

しかし，広く視野を取れば，分業の形態あるいは組織間，企業間の関係として，オープンな組み合わせでありながら，摺り合わせ調整を必要としている製品は存在する。

工業製品であるならば，たしかに，「容易に取り替えられるオープン性を持ち，事後の摺り合わせ調整を行った方が合理的な製品」はありそうにない。しかし，サービス製品に関して，厳密に検討してみる必要があるのではないか。例えば，サービス・流通の分野における製品である。

10) バリュー・チェーンは価値創造活動と「マージン」からなり，価値創造活動はさらに「主活動」と「支援活動」の二つに分けることができる。支援活動には「調達活動」「技術開発」「人事・労務管理」「全般管理（インフラストラクチャー）」の四つがある。これら支援活動は，個々の主活動ではなく主活動を全体的に支援するものである。

11) 野中郁次郎・竹内弘高 (1996)『知識創造企業』東洋経済新報社。

12) 国領二郎 (2001)「ネットワーク時代における協働の組織化について」『組織科学』白桃書房，Vol. 34, No. 4：4-14。

13) 井上達彦 (2003)「EDI インターフェイスと企業間の取引形態の相互依存性 競争と協調を維持するオープンかつ密接な関係」『組織科学』Vol. 36, No. 3：74-91）。

14) 小田切宏之 (1992)『日本の企業戦略と組織』東洋経済新報社，pp.178-181。小田切は，系列は企業によって様々な形態があり一般化して論じることの危険性を指摘している。

15) 下請代金支払遅延等防止法が存在し弱者たる下請けを守っている。下請取引について，親事業者が優越的な地位を乱用し，下請業者に不利益を与えることのないようにし，両者間の取引を公正にすることを目的とした法律が制定されている。つまり，保護されるべき弱い存在である，という前提に立っている。

16) システム／360 の開発は IBM のコンピュータ業界における圧倒的な優位をもたらした。システム／360 では，周辺機器やアプリケーションについてはライセンスによって外部生産を認めていた。しかしシステムの中核となる OS は完全なブラック・ボックスとした。

Baldwin and Clark（2000，p.237）によればこれによって互換機を徹底的に排除した。そしてモジュール化によって将来に，互換性を持った改良が行われるという期待感を顧客にもたせた。これは暗黙的（同書p.239）な契約である。これは，モジュール化であっても，他の企業とは関わらない企業内のクローズドなモジュール戦略である。このシステム／360アーキテクチャは，後のパーソナル・コンピュータIBM-PCの「仕様の公開された」オープン・モジュールのパソコンとは異なる。クローズド・モジュールであったが故に競争優位の維持が可能であったということである。

17）　Baldwin, Carliss Y. and Kim B. Clark（2000），*Design Rules, Vol.1：The Power of Modularity*，（邦訳：安藤晴彦訳（2004）『デザイン・ルール―モジュール化パワー』東洋経済新報社）にこの間のIBMその他の業績をまとめた表がある。

18）　日本においては，伊丹敬之らの「見えざる資産」による競争優位の議論がある。伊丹敬之・軽部大（2004）『見えざる資産の戦略と論理』日本経済新聞社。

19）　組織能力とは，社内で行われているルーチン（routines）とよばれる業務のやりかたや慣習や学習のパターンである。Ghemawat（2001，p.187）。

20）　ボトルネック（隘路，bottleneck）とは，産業ないし企業における生産及びその拡張・成長の過程において生ずる障害や困難のことである。例えば生産においては種々の生産要素が必要とされるが，隘路は，特定の生産要素の供給不足により，他の生産要素の供給が十分であるにもかかわらず生産拡張不能という形をとることがある。ここを握ると，ボトルネック独占が可能となる。

21）　イン・ショップ形式とは，通路からの入り口を除いた三方が壁で仕切られ，商品，販売員，包装，什器から床，天井といった内装までトータルに演出する形式である。

22）　現在，伊勢丹では，基本的に平場型のユニットショップは「ニューズスクエア」というブランドのもとに展開されている。「伊勢丹が提案する，今欲しい，旬なファッションがお求めやすいプライスで揃うショップ」として，2000年春にヤングカジュアルからスタートし，支店に展開している。支店それぞれのニーズを反映させながら，各支店を横串で一括し本社からコントロールする。それぞれの地域のニーズにあった商品開発，販売サービス，オペレーションなどを共通化して，コントロールを行うことにより，独自性を高め，地域密着一番店を実現することを狙っている。

第5章

オープン・インテグラル戦略

1　複数のクライアントを持つ企業

　前出のルイ・ヴィトン，あるいはグッチ，といった特選ブランドをはじめ，ワールド，キタムラ，食料品では虎屋，ゴディバなど，現代では，独自の強力なブランドを確立している「サブ・システム」は多くある。これらに匹敵するブランドを自らつくり出す（Make）ことは，難しく，市場からこれらを取り入れ（Buy），オープン化をして，これら強力なテナントを誘致しなくては顧客からの支持を失い，競争に敗れる。

　しかし，オープン化は，主導権を失い，ブランド，テナント側に交渉の主導権を渡すことを意味する。オープン化しながら，つまりは主導権を失いながらも，競争優位を保つにはどうしたらよいのか。

　その答えとして有力な可能性の一つは，調整能力に優れることである。これは組織（oganization）能力であり，バーニーのVRIO分析でいう，模倣可能性（imitability）が少ないという競争優位の条件を満たす。その調整能力とは具体的には何か。いかにしての構築できるのか。

　外部資源を利用するアウトソーシングは，エージェンシー関係（agency relationship）の一種である。エージェンシー関係においては，プリンシパル（principal）が，エージェント（agent）に意思決定権（decision authority）を委譲し，エージェントがプリンシパルに代わり業務を遂行する（図表5-1）。

　しかし，エージェントがプリンシパルの利益を最大化するかといえば，そうではない。エージェンシー問題（agency problems）がそこに存在する。そこで，エージェントを監督，監視し，逸脱行為にペナルティを賦課するモニ

第5章　オープン・インテグラル戦略

タリング・システム (monitoring system) が必要になる。このモニタリング・システムを運用するには大きなモニタリング・コスト (monitoring costs) がかかる。また，エージェントの動機と利害をプリンシパルのそれと一致させるインセンティブ・システム (incentive system) も必要になる。これらをいかに低コストで構築するかが課題となる。

図表5-1　アウトソーシング関係

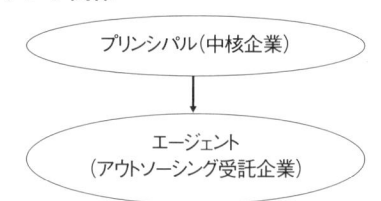

```
    プリンシパル(中核企業)
           ↓
       エージェント
   (アウトソーシング受託企業)
```

出所：筆者作成

しかし，いわゆる系列を除けば，通常，アウトソーシング受託企業は複数のクライアントを持っている。いわば，ダイアドのプリンシパル（P）・エージェント（A）関係ではなく，Pn‒A1関係がむしろ状態である。

例えば，アウトソーシング受託企業A1が，二つの中核企業P1，P2をクライアントとしてもったとき，P1‒A1‒P2という関係になる（図表5-2）。

図表5-2　複数のエージェンシー関係

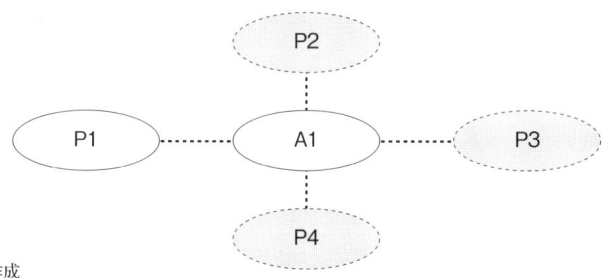

```
          P2
          :
   P1 ···A1··· P3
          :
          P4
```

出所：筆者作成

この場合，A1が，P1との取引で獲得したノウハウ，学習曲線で低減したコストがP2に対しても適用される。それを適用することはP2からの業務の獲得に有利に働くからである。中核企業P2は，アウトソーシングのメリット，学習による専門性と規模の経済によるコスト低減の恩恵を受けている。

　時間的にP1との契約が先であるとし，さらに，コストに一定の割合での利益を乗せた金額でP1と契約するとする。その後，一定の時間を置いて，すなわち，学習曲線と習熟のコスト低下の後に，P2と契約を結ぶ。この場合，A1のP1への請求金額は，P2へのそれよりも高くなる。学習及び，規模の経済で得られたベネフィットが，P1には還元されない。P2はP1との契約で得られたレントにフリーライドする。

　もちろん，次回契約改定時には値下げをする可能性はあるが，情報の非対称性によってそれは定かではない。さらに，逐次契約のメカニズムを利用し，相見積りを取ったとしても，実行による学習（learning by doing）によって，互いに，関係特殊的な投資が生まれ，P1にはスイッチング・コストが発生する。

　ここに，モラルハザードの可能性が生ずる。

　これをどのようにマネジメント・コントロールすべきなのか。

　一方，企業間関係は，「退出」と「発言」（Hirschman, 1970）によってコントロールされる。取引に不満があるときは，意思表示の方法として，退出と発言があり，それによって，相手をコントロールする。アウトソーシングも一つの企業間関係とみなすことができるが，このPn－A1関係の場合，このメカニズムは有効に作用するのだろうか。

　企業活動を行う上で安定した操業を行う事は重要な課題である。そのために取引相手に関する不確実な要素をできるだけ減少させる必要がある。企業間の場合，継続的な取引は，そのような安定性を確保するための一つの工夫・制度である。

　長期的な取引により，情報が蓄積され，頻繁に取引相手を変更する場合に発生する情報収集・伝達に発生する費用を削減し，取引の安定性，信頼性を確保できるようになる。

　ここに大きな問題として，情報の非対称性がよこたわる[1]。アウトソーシングをした業務については，中核企業側は，受託企業側のコストはわからない。

もちろん，アウトソーシングの受託を決定するにあたっては，少なくともそれを内部化するコストよりはコストが低いことはわかっている。しかし，受託企業がどの程度のコスト構造を持ち，利益を上げているかはわからない。

さらに，継続的取引によって，受託企業側は，学習し，そのコストを低下させていく。しかし，アウトソーシングの契約については，契約の見直し，つまりは前述の「逐次契約」の更新時まで，価格の改定はない。更新時においても逆選択（adverse selection）の可能性がある。

「逐次契約」の更新時においては，中核企業は，いわゆる「相見積り」を行うことによって，他の取引先とオープンな交渉をすることができる。「相見積り」は，競合他社の条件と比較することである。これによって，情報の非対称性の持つ欠点を軽減する可能性を持つ。

取引先の選定にあたっては，随意契約，相見積もり，競争入札の三つがある。信頼のおける取引先を予め選んでおき，他と競争させることなく決定する方法が随意契約である。対して，いくつかの業者から見積書を取り寄せ，その内容を詳しく検討して決定する方法を見積合わせ，または相見積りという。またいくつかの業者から請負金額などの条件を提出させ，最も有利な条件を提供するものに決定する方法を競争入札という。

しかし，現在の受託企業には，ウィリアムソンのいう，実行による学習（learning by doing）によるコスト削減があり，また中核企業にはスイッチング・コストがあるために，統治メカニズムは十分に働かない可能性がある。

さらに，アウトソーシングをプリンシパル・エージェンシー関係でとらえるには，別の陥穽がある。現代の企業は，網の目のように張り巡らされたネットワークのなかで業務を進めている。エージェンシー関係が想定する1対1の一層の単純な関係でこれをガバナンスできるのかについては疑問が残る。関係の遠い，重層的なエージェンシー関係が存在することも多い。

例えば，中核企業Aがある業務をアウトソーシング受託企業Bに依頼し，その企業が，Cという企業から派遣された人員に実際の業務を行わせている，などの光景は当たり前のように目にする。その場合，中核企業AはCに対し，十分な統治メカニズムを持ちえるのか。

さらに，多重のプリンシパル・エージェンシー関係を巡る統治は，重要な

問題である．例えば，雪印の不祥事においても，雪印食品[2)]の問題は，雪印乳業の株主から見れば，二重のエージェンシー関係がもたらした出来事であった．

百貨店においては，例えば商品のクレームを巡って日常的にこの問題が発生する．商品の瑕疵など，販売者に責任がなく製造者にその責任が帰する場合がある．この場合でも百貨店のブランドを傷付ける可能性がある．逆に，そのクレームを適切に処理することができれば，顧客の信頼を得ることができる．そのためには，この多重のエージェンシー関係を低いコストで，うまくコントロールしなくてはならない．

取引関係のガバナンスの形態すなわち統治メカニズムには，様々な種類が挙げられる[3)]．本稿は，百貨店の企業間関係ネットワークについて，その調整メカニズムがどの程度有効なのかを考えていく．本稿で論じている百貨店の企業間関係は，非垂直統合と垂直統合の中間的なものであると思われるが，「中間組織」の統治メカニズムを独立して扱う議論はできない．まず，両者をともに適用して見る．

最初は，市場における統治メカニズムである．

スポット市場取引（spot market contract）とは，市場に優良な売手と買手が存在し価格を手がかりにその製品の取引を決定できる取引である．すなわち，製品の差異が少ない市場に適した統治メカニズムである．品質は，コスト無しかあるいは非常に低いコストで保障される．経済学の完全市場の概念に近い存在ともいえる．ガソリンなどのコモディティ，（原理的な意味での）株式市場などがこれに当たる．

このような市場においては，機会主義的な取引を行った場合，取引相手はそれを低いコストで察知できる．また低いスイッチング・コストで機会主義的な行動をとった者から別の取引相手に取引を変え，機会主義的に行動した者を市場から排除する．排除によって制裁を加える．

本稿で問題にしている，百貨店の取引先が提供している財については，サービス・製品の品質の差異が大きいため，価格のみで内容・信頼性を保障することができず，このメカニズムでこれをマネジメントすることはできない．百貨店が取り扱うファッション・衣料・高級食材などは，コモディティの反

対の極にある。

　次に契約によるガバナンスを検討する。完備契約とは，機会主義の脅威を避けるために，将来起こるべき可能性とその対処を全て織り込んだ契約である。その条件として，契約内容の相互の監視（モニタリング）と起こりえる全ての条件の記述と制裁を明記することにより機会主義に対処する。しかし，複雑な条件を全て記述するのは難しく，また，モニタリングにはコストがかかり，そのコストは，アウトソーシングを行うことによって引き下げられる生産コストを減殺する。

　百貨店においては，変化が激しく，商品は頻繁に入れ替わる。例えば，婦人服などはシーズンを，四季ではなく，10季程度にわけて基本的な計画を立てる。そして流行や天候の変化，ライバルの動向などの環境変化に対して期中で様々な変更を行う。これを全て，契約時に記述することは不可能である。

　完備契約は事実上，不可能であるとした場合，逐次契約という調整方法がある。

　長期間にわたる全ての契約条件について，完備契約を結ぶことは不可能あるいは禁止的なコスト増があるとしても，一定の短い期間に限定すれば，完備契約あるいはそれに近いものは可能ではないかというのが，ここでの議論である。その期間が終了すれば，また，再交渉をして契約を結びなおす。そしてこのプロセスを繰り返す。期間内については，相互のモニタリングをして，期間内の機会主義的行動を監視するとともに，機会主義的行動が見られた場合，次回の契約更新時にそれを反映させ，契約をより完全なものにする，あるいは契約を更新しない等の判断材料にする。契約の更新時においては，市場契約的なメリット，すなわち競争メカニズムの恩恵を享受できる。契約を更新しないというオプションを取ることによって，他の新規の参入者を探し，スイッチすることによって制裁を加えることができる。

　これらは，アウトソーシングのマネジメントにおいては，日常的に観察できる方法である。機会主義的行動があれば，新規の参入者に乗り換える。

　これは，百貨店やSCにおいても同様である。ただし，年限は明示されず，撤退についてその都度話し合うというケースが多い。

　しかし，逐次契約は，関係特殊的な投資が相互に存在するが故に，契約更

新時において十分に市場的な競争メカニズムが働かない可能性を持つ。これはウィリアムソンのいう実行による学習によって，互いに，関係特殊的な投資である知識や有形無形の関係特殊的投資が生じるからである。互いの信頼関係もその一つであろう4)。

それらは，逐次契約の統治メカニズムを支えてきた，新規の参入者の脅威による制裁の可能性を弱める。この関係にフリーライドした場合，機会主義的な行動が生まれる危険が高い。つまり，新しいブランドの脅威が十分にないと，そこにいわば，馴れ合いが生じてしまう。関係性に基づく契約とは，取引費用の節減のために，市場，完備契約，逐次契約のガバナンスを補強する存在である。これは，何らかの社会的，人間的な関係性によって，他のガバナンスを補強する。例えば市場取引でさえ，同一の文化圏，あるいは国や地域にある企業との取引は，文化や習慣によるガバナンスのメカニズムが働いているといえる。これらは例えば，「信頼」と呼ばれるメカニズムである。

そこには，組織ルーティン5)(organizational routine)，あるいは組織学習（organizational learning）が働く。組織学習とは，組織が行動の蓄積を通じて，組織内の問題に関する知を獲得し，行動が変化していくダイナミズムである。組織学習の成果として得られた新しい知識は，組織構造や組織文化などに反映される。これらは，通常は，公式的な組織の内部で使われる概念ではあるが，長い間，取引をしている場合，そこに，集団的なメカニズムが生まれる。

しかし，これらは重要ではあるが，このメカニズムが発揮されるほどに継続的な取引は継続的であるがゆえに，本来の意味でのオープン性を失う。「オープン」とは新規参入が容易であることを意味するからである。したがってこのガバナンスが働く時には，オープン性から得られるメリットが減殺されている状況である。

これまでの議論は，市場における調整のメカニズムであったが，アウトソーシングをマネジメントしようとするとき，ここに掲げたうち，スポット市場，完備契約は有効に作用しない。逐次契約は有効な場合もあるが，限界も内包している。関係性による契約はオープン性を損なうからである。

アウトソーシングには，何らかの階層的な統治メカニズムが働く場合が観察できる。本稿のテーマであるアウトソーシング組織は，中間組織として論

じられるが，擬似的に垂直統合された組織となっている場合も見受けられる。

しかし，一方で，「パートナーの取引関係をコントロールし，排他的関係を築くのであれば，結局のところそれは，内製の延長とあまり変わらなくなってしまう」(武石，2003，p.7) という指摘もある。階層的な統治メカニズムによるマネジメントの効率を重視し過ぎれば，オープン性の持つ優位性を損なう可能性もある，ということである。

例えば，百貨店でいえば，プライベート・ブランドがそれにあたる。製造は外部で行うにしても，それはオープン性を欠き，内製と本質的には変わりはない。

官僚制 (bureaucracy) による統治は，手続やルール (rules)，規制 (regulations) を手段として，統治を行う。調整は，Bossによって行われる。アウトソーシング組織においては，武石のいう「排他的」で内製の延長にならないように，それを行わなくては意味がない。そこには，前節で見た情報の非対象性を前提にしたエージェシー問題が存在する。

内部市場 (internal market) は，契約や市場価格など，市場による統治のメカニズムを組織構造の内部に再現する (Barney, 2002, p.24)。内部市場のメカニズムにより，官僚制の持つ欠点を補完できる可能性がある。Malone (2004, pp.133-156) は，これを「組織のマーケット」と呼び，その役割はこれから大きくなるだろうと予測している。

しかし，市場の「再現」の再現性が高ければ高いほど，市場の統治メカニズムが持つ欠点もそのまま持ち込まれてしまう。したがって，そこに何らかの命令権を持つボス (Boss) が登場し，市場メカニズムの欠点を補完する必要がある。このボス，すなわち発注元の権限を持った担当者が，アウトソーシング先の統治を担う。アウトソーシングは，概ねこのような形式で行われると考えられる。オープン性によって，組織文化を共有しない新たなプレイヤーが参入したとしても，相見積もりによって，その目安を知り，ボスによって取引が斡旋される。

百貨店においても，このボスが存在し，アウトソーシング先であるテナントあるいはブランドを統治する。逐次契約を主体としながらも契約更新時以外の日常に調整を担い，官僚制の厳密な意味では命令権はないものの，それ

に近い権限を行使する。当然そこには摩擦が生じる。組織内には,「行為の代替的選択肢のなかから一つを選ぶのに困難を経験するような意思決定の標準的なメカニズムの故障」[6]であるコンフリクトが生ずる。これはバーゲニングによって解消できるものでも,単純なゲーム理論によって分析できるものでもない。そこには合理性に対する認知限界が生ずる (March and Simon, 1958, pp.207-222)。その調整がいかに行われるのかについて,さらに踏み込んだ分析が必要だろう。百貨店において,それがどのように行われているかについては,第6章で検討する。

2　アウトソーシング受託企業の競争優位

　オープン型の組織の組織構造そのものから持続的な競争優位を得ることは難しい。

　百貨店,ショッピングセンターでいえば,有力なテナントやブランドはライバル企業とも取引を始める可能性が常に存在し,それが持続的競争優位をもたらさない。本稿はその問題について一定の答えを与えようとするものである。

　その問いを問う前に,立場を変えて,アウトソーシングを受ける側,すなわちテナントやブランド側について見てみる。なぜならばどのような調整が,彼らにとってメリットがあるかを分析しなくては,どのようにガバナンスすべきかの回答は得られないと考えるからである。オープン型のアーキテクチャが彼らテナント側にはなぜ有利なのかを考える。

　例えば,アウトソーシング企業が,内製よりも優位なのはなぜか。マネジメントの容易さだけを考えれば,アウトソーシング先を囲い込み,自社内に閉じこめる,あるいは,資本参加する,などの方法が容易に想定できる。これらによって"command and control"[7]のなかに入れてしまえば,前節で論じたマネジメント上の課題は減少する。しかし,このようなマネジメントの方法は問題を解決するのか。そのようなマネジメント方法は,オープン型のアーキテクチャのメリットを享受できるものなのか。別の言い方をすれば,そのようなマネジメント下にあるものは,オープン型のアーキテクチャといえるのか。

オープン型のメリットとして，
(1) アウトソーシングは，中核業務に集中することによって専門性が高まり，学習の結果によるコストの低下
(2) さらに複数の企業から同様の業務を受託することによって生まれる規模の経済によるコスト低下
(3) モジュール開発におけるトーナメントのインセンティブ効果
が挙げられる。

　オープン型のアーキテクチャでは，それを構成するそれぞれのサブ・システム組織は，中核業務に集中することができる。オープン型ではない組織にあっては，複数の特に矛盾する可能性のある目標を同時に達成することは難しい。業務への集中は，ポーターの基本戦略にもある。戦略を意識し，スタック・イン・ザ・ミドルの危険性を少なくする。また，人材も専門性が高まり，熟練や学習の効果によってコストが低下する。これは，アダム・スミスの分業論の基本的な考え方である。高級なブランド，専門能力の高いブランドはそれらの優位性をつきつめた結果である。例えば，海外直輸入の化粧品は，高度な化学技術と多くの宣伝費の結果である高いブランド・イメージを持っている。これらは高度な専門性である。そこには，安価で製品を提供し，数を売り，シェアを追求するという戦略はない。そうした市場への姿勢が高いブランド・イメージを生む。

　さらに複数の企業から同様の業務を受託することによって，スケール・メリットが生まれる。規模の経済が，コストを低下させることは広く知られている。テナント，ブランドは複数の企業，百貨店やショッピングセンターと取引することによって，スケール・メリットを生み出す。特に返品制度と結びついたときに，そのメリットは大きいことは第2章で指摘した。

　さらに，青木（2002, pp.26-27）がいう，「モジュール開発におけるトーナメントのインセンティブ効果」がある。これは，開発に複数の企業が参入し，競う状況にあって，成功者が，モジュールの成功価値を独占的に所有できると仮定した場合，ある条件が満たされる時に，そのインセンティブ効果が高まる，というものである。ある条件とは，トーナメントの勝敗の判定が事後的に公平に正確に行われるであろうという信頼（trust）の存在である。その

領域で強いモジュールを開発できれば，多くの利益を得ることができる。インセンティブが高まれば，イノベーションが生まれ，優れた製品が生み出される確率は高まるであろう。

　以上の条件が，オープン型アーキテクチャが有利になる条件である。換言すれば，これらの条件を満たさないようなマネジメントを行えば，それは，少なくとも，オープン型としてのメリットは享受できない。パートナーの取引関係をコントロールし，排他的関係を築くのであれば，結局のところそれは，内製の延長とあまり変わらなくなってしまうという指摘（武石，2003，p.7）のように，階層的な統治メカニズムによるマネジメントの効率を重視し過ぎれば，アウトソーシングの持つ優位性は損なわれる。

　例えば，百貨店，ショッピングセンターにおいては，プライベート・ブランドの問題を考えればオープン型のメリットは理解しやすい。一社の百貨店の規模では，プライベート・ブランドに規模の経済が働かない。こうしたクローズドな企業間関係を選択せざるを得ない多くプライベート・ブランドでは，成功の例が少ない。これは規模の経済を享受できず，学習が働かず，またインセンティブ効果が働きにくいのが理由であろう。

3　調整の時期

　これまでの議論は，調整の方法とその可能性についての議論であった。もう一つ考えねばならないのは，調整の時期である。製品は，設計の後に，製造が行われ，完成し，顧客に納品される。その過程にアウトソーシングが絡むとき，調整は，製品設計のどの段階で行われるのか，という問題である。[8]

　オープン化されている場合とは，基本設計完了の時間的な後であっても，取引先の変更が可能である場合と言い換えることができる。オープン化されていない場合，概念設計以降の段階から，部品の製造を担う取引先が設計に関わる。例えば承認図方式である。これは，自動車産業の部品取引において，サプライヤーが部品を設計・開発する分業パターンのことである。メーカーが示す基本仕様をもとに，サプライヤーが詳細設計・試作・製造を行う。品質保証責任をサライヤーが負う場合も多い。[9]「摺り合わせ」調整はこの時期に行われる。しかし，これにより，設計工程以降において，サプライヤーの変

更は利きにくくなる。したがって，アーキテクチャはクローズドになる。

　オープン・モジュール型のアーキテクチャにあっては，まず，基本設計を行う。その終了後に，今度は，製品を，モジュールに分化するという作業がはじまる。それは，別にコストが必要な作業である。

　一方で，技術が進歩し，製品の改良が求められたときどうなるか。そのような場合の陥穽は，Christensen（1997）も強調するところである。クローズド・アーキテクチャの場合，「改良」であっても，基本設計段階に戻って，「摺り合わせ」作業が必要になる。[10] したがって改良は比較的困難なアーキテクチャといえる。本稿で問題にしているのは，この製品サブ・システム間の相互依存性の程度である。この場合は依存性が高く，高度な摺り合わせが行われているが故に，一部を改良することが，全体に影響を及ぼす。

　オープン・モジュール型の製品，例えば，パーソナル・コンピュータにおいては，これらの調整は問題にならない。「調整」を要する事項は，基本的に，
(1) アーキテクチャ・ルールの設計段階で，既に調整が終了している。
(2) モジュールをまたがる調整は，予め定められたアーキテクチャ・ルールに従って，接続部分であるインターフェイスに集約され，調整される。調整を必要としないものは，モジュールのなかにカプセル化されている。

　これは，換言すれば，調整に関する費用は事前に支出がされている，ということである。

　アウトソーシングを利用する取引においては，このような調整を全て事前に支出することは無理である。アウトソーシングの利用の場合，基本的な設計以後，現場で様々な調整が行われている。契約には書き尽くせなかった様々な詳細な事項を営業担当者を窓口に，相互に調整を行う。その調整は変化する環境に合わせて事後的にならざるを得ない。コンピュータのアーキテクチャの設計は限りなく完全に近いものが求められる。アウトソーシングを利用する組織の場合は，このような事前調整は不可能であろう。したがって，「完備契約」を前提とするオープン・モジュール型製品の議論を「組織」に簡単に移植することはできない。

　流通における取引慣行にも事後調整が存在する。
　次節では，その調整をさらに詳細に見ていく。

4　費用の事前支出

　ショッピングセンターの組織では，テナントの新規導入または廃止にともなう調整は比較的に容易である。したがって，改良・リニューアルがしやすい。なぜなら，「調整」を要する事項は，基本的に，店舗設計段階で，いわばマンションのように基本的な面積単位でテナントを分割することによって終了しているからである。そしてテナントをまたがる調整，例えば通路，エスカレーター，トイレなど共有部分は，予め定められたアーキテクチャ・ルールに従って，調整が事前に行われている。その他の事項は，テナントのなかでカプセル化され，テナント内では契約の範囲内でどのような商品を売り，どのような価格を設定し，どのようなキャンペーンを打つか，自由に決定できる。これは，換言すれば，調整に関する費用は事前に支出がされている，ということである。

(1)　店舗設計段階で，既に調整が終了している。
(2)　テナント，すなわちモジュールをまたがる調整は，予め定められたルール（アーキテクチャ・ルール）に従って，調整される。
(3)　調整を必要としないものは，モジュールのなかにカプセル化されている。

　ショッピングセンターは，設計思想からいえば，パソコンと共通性がある。パソコンは，基本的な設計がすでに済んでいるために，OSが改良されれば，OSを入れ替え，ハードディスクの容量を増やしたければその部分を取り替えということができる。ショピングセンターも同様に，テナントやブランド単位の入れ替えという改良は他に影響を与えない。ショッピングセンターの組織は，調整費用の事前支出を行っている，予め調整を行ったもの以外は，調整を要しない，それ以外の事項はカプセル化されているというこの用件を満たす。もちろん，このカプセル化は完全なものではない。百貨店との比較の上での議論である。このカプセル化の不完全性の問題は第7章で議論する。

　オープン・モジュール型の「製品」については，そのような設計を行うことは可能である。その部品を提供するサプライヤー企業の組織間関係は，その設計を反映して，調整費用の事前支出を行っている，予め調整を行ったもの以外は，事後的な調整を必要とせず，それ以外の事項はカプセル化されて

いる,という条件をある程度満たしている。ハードディスクを製造する企業は,その規格に沿う限り,いかなる改良・改造を行っても他の部品を製造する組織に影響を与えることはない。[11]

　ショッピングセンターに出店するテナントやブランドも,アーキテクチャ・ルールの範囲内であるならば,余計なコストを支払うことなく,短期間で出店ができる。

　実体のある「モノ」としての製品ならば,この事前に書き尽くす,という作業は不可能ではない。試作を行い,様々な試験を行い,より完全なものに近づける。しかし,それを行うためには,「事前」に大きなコストを費やして,様々な試作を行ったり,テストを行ったりすることが不可欠である。そのオープン・モジュール製品の部品を提供する,あるいはその製品の設計に関わるサプライヤー企業も,これらの事前の調整費用が前払いされていることの恩恵を被っている。この事前費用の支出があるのにもかかわらず,仕様が公開されて,無償もしくは非常に低いfeeで提供されることがある。[12] サプライヤーはこの設計にfree rideして,社の製品を供給することが可能である。[13]

　一方,それらモジュール製品の設計に関わるものから拡張し,一般の企業間関係において,モジュール組織と呼ぶ場合があるが,[14] 本来的なモジュールの定義,すなわち①調整費用の事前支出を行っている予め調整を行ったもの以外は,調整を要しない,②それ以外の事項はカプセル化されている,という二つ条件を満たすモジュール型「組織」が,存在するケースはないか,あったとしても非常に少ないものであろう。なぜなら,それらの組織間関係を設計するための契約をつくるコストは莫大なものになるはずだからである。

　ショッピングセンターは,一見,このモジュール型の店舗設計,特にオープン・モジュール型の設計を行っているように見える。頻繁にサブ・システムたるテナントを「イン・ショップ」という形式で入れ替え,そこには余計な調整コストを発生させない。しかし,厳密な意味でのモジュール化ではない以上,その分,余計なコストを支払うことになる。この場合は,効率の悪化という形でそのコストを支払う。

5　調整の失敗によるベネフィット喪失

　百貨店，あるいはショッピングセンターはともに外部の経営資源に深く依存している。販売という重大な核業務が，サブ・システム化され，それを複数の顧客に提供しているアウトソーシング企業，テナント，ブランドとの分業によって成り立っている。現代の多くの企業はアウトソーシングを利用して，業務を行っているが，その業務をオープンに繋ぎ合せて業務を遂行し，それらのサービス・製品を統合し最終的に自社のブランドを冠して客に提供している。

　アウトソーシングに象徴される，「オープン性を持つ，企業外部から広く取引先を求める」組織間関係は，それぞれのサブ・システムがオープン性を持っている。

　大規模小売店は店舗を設計し，改良し，問題を回避し，環境に適応させるという作業を行う。また，その設計分業のプロセスにおける企業間関係においても，オープン性，すなわちサブ・システムを設計する企業が頻繁に入れ替わりながら機能を保持し，なおかつ，全体を調整する。

　工業製品の場合，設計段階で，オープン性を保持し，したがって，多様なサプライヤーからの提案を受け，頻繁に入れ替え，そして，それを摺り合わせ調整し，そして，その煩雑な調整が他の方法よりメリットがあり，合理的な工業製品は想像しにくい。[15] 調整の時期は生産を始める前に終了している。その後，顧客からの反応によって，また技術進歩によって，設計を変更するのは，時期的にしばらく時間を置いた後である。

　しかし，それが，サービス製品ならどうか。

　流通セクターに属する企業は，文字通り流通を行うものであるが故に，多数企業間の組み合わせの上に成立している。多くは多数の卸売業，問屋と取引を行っており，その問屋から供給される製品，ブランド，テナントは入れ替えが容易であり，オープン性を保持している。そして，製品の納品数量や価格など，そのサービス製品の根幹部分について，多くの事後調整が行われている。[16] 設計が終了し，店舗をオープンした初日から，顧客の反応，流れ，導線を踏まえて，細やかな調整を行っていく。また天候にあわせて，ブラン

ドの展開位置を変える。これらは，イン・ストア・マーチャンダイジングの基本であり，日常的な調整の作業である。また，価格も上下させる。これら，契約条件に関わる事後調整は，日本には多く欧米には少ない，といわれる[17]。日本の流通は，この「事後調整」の存在故に，非合理的とされることもある。しかし，長年にわたってサバイバルしているからには，何らかの環境適合的な合理性があると思われる。

　小売業だけではなく，一般的な「アウトソーシング」業務も事後の調整が必要である。事前に契約を交わすにしても，それが完備契約である可能性はまずない。そこには何らかの事後の交渉・調整がつきまとう。アウトソーシングの多くもサービスの一種である。

　サービス(service)とは，感覚的・心理的効用から成り立っている製品である。商品や製品は財貨（有形財）[18]と無形財で構成されているが，無形財，つまり無形の商品をサービスという。サービスは生産と消費が同時である。工業製品の場合，一端，設計したものを，「生産し，流通させ，納品する」という段階のどこかで調整するということが生じれば，それには，大きな調整費用を必要とする。サービスは生産と消費が同時である，貯蔵できないので在庫が存在しないなどの特別な性質を持つ。その性質を持つが故に，基本的な設計の事後に変形したり調整したりすることが可能であり，また常態である。

　一方，社会では，サービス経済化（increase of service industry），あるいは，経済のサービス化（service-oriented economy）が進行している。サービス経済化とは，第三次産業（サービス産業）の就業者の比率，あるいはこの産業の名目生産額の比率が増加することをいう。さらに製造業の内部において，実際に製品を生産する部門に対して，調査，商品開発，デザイン広告などの，付加価値を担う部門の比率が増加することもいう。高付加価値の商品においてはこれらの部門の比率や能力が競争力を強化させる源泉となっている。

　我々は，このサービス化ということを視野に入れて，現代の企業間関係，分業体制をさらに検討していきたい。

　店舗は，厳密な設計のもとに施工され，オープンする。そこには，事前コストを支出した設計が存在する。しかしながら，店舗という製品はそこで完成ではない。完成して，オープンしてから，その「製品」を構成する組織の

間で膨大な摺り合わせ作業が行われ,店舗の生産性は向上していく。工業製品の場合,発売時点で,一応,完成をしており,完成以降は,設計ミスの修正等の作業は例外として,そこからの修正・摺り合わせ作業は必要としない。[19] しかし,流通業の店舗の場合は,開店時が完成ではなく,摺り合わせ作業を行って,生産性の向上を行い,年ごとに売上げの増大を果たす。

　ショッピングセンターはこのような事後調整が相対的に少ない。その結果が「ショッングセンターの失われたベネフィット」ではないのか。具体的には,ショッピングセンターの面積当たりの効率が,百貨店のそれに及ばないのはこのような日常的な調整が行われないためではないのか,ということである。

6　流通業における調整〜オープン・インテグラル戦略

　GMSは,SCまたは百貨店に比して相対的に分業を行う部分が少なく,店舗の設置・運営と販売がアンバドリングされていない。モジュール間のインターフェイス設計ルールが基本的に一社内で閉じている。そして,摺り合わせを重視し,すなわち部品設計を相互調整し,製品ごとに最適設計しないと製品全体の性能が出ない。これは高度なチェーン・オペレーションを行おうとすれば,必要なことである。摺り合わせ調整を行い,中央で調整を行う「インテグラル型」のアーキテクチャである。[20] 自社内で店舗を出店から設計し,品揃えを計画し,問屋から商品を買取り,顧客に販売する。それには,膨大な摺り合わせ作業を必要とする。[21] その結果,多くの店舗を合理的に運営するチェーン・オペレーションが可能になる。

　対して,百貨店とショッピングセンター (SC) はともに,店舗の設置・運営と販売がアンバドリングしている。特に販売は,現在売れているブランドをテナントというサブ・システム単位ですばやく取り入れるオープン性を持っている。その結果,第2章でみたメリットも享受している。しかしながら,その調整は分権化して行われるために,チェーン・オペレーションにはなじまない。

　ただし,調整の方法は百貨店とショッピングセンター (SC) の両者では異なる。

　ショッピングセンター (SC) は,製品でいうオープン・モジュール・アー

第 5 章　オープン・インテグラル戦略

キテクチャの店舗設計である。これは，「組み合わせ（モジュラー）型」すなわち部品・モジュール，ここでは「イン・ショップ」形式のテナントのインターフェイスが何らかの意味で標準化していて，既存部品を寄せ集めれば多様な製品ができるタイプである。デベロッパーが，建物を建てて，そこを区画設計し，特定のインターフェイスをもって部品（個別店舗～イン・ショップ）を入れる。その部品は容易に取り替え可能である。しかし，それを構成する個別店舗間での相互の調整は行われない。それゆえに，小売業の経験・ノウハウを持たないデベロッパーであってもSCの設置，運営が可能である。

対して百貨店は，オープン・インテグラルというべき店舗設計を採用している。

そのオープン性に関していえば，そのモジュールの入れ替えは，大規模なリニューアルもあるが，一つのブランドの規模ならば，夜間のみもしくは休日一日のみで入れ替えが可能である。パーソナル・コンピュータがモジュールの代表的なものであり，その部品の取り替えは，長くとも半日もあれば済むのと同様にブランド，取引先の入れ替えは短時間で可能である。これは相対的にオープン性の高さを意味している。

本稿では，特に，この「オープン・インテグラル」[22]として百貨店をとらえる。オープン・インテグラルは，テナントやブランドとの出店契約が，不完備契約であることを前提に，製品設計後に摺り合わせを行う形である。とりあえず，接続をしておいて，事後に摺り合わせ作業が行われる。店舗を設計し，つくり出すための組織間係には，各種のコーディネーション作業がつきまとう。

インテグラル，すなわち調整が多く行われるものとして，イン・ショップではなく，「平場：（ひらば）」を百貨店は持つ。また，その平場をイン・ショップと併用する。そこには，一日の売上げ，気温，その他によって様々な調整が日々発生する[23]。この調整が具体的にどのように行われているかは，次章で分析する。

近年の情報化，グローバル化といった環境変化のなかではオープン性のメリット[24]は大きい。自社内で抱えていたものをアウトソーシングし，調達先の多様化を果たすのは自然な流れである。しかし企業の中核部分（コア・コンピタンス）を内製化し，周辺・外縁部をアウトソーシングするという議論は

101

実態に追いついていない。現代は，製造業が製造を委託し，小売業が販売を外注化するということが珍しくはない。設計に至っては，古くからアウトソーシングの利用は一般的である。さらに，何がコア・コンピタンスなのかを見極めるのは難しい。企業に自覚されていない，真のコア・コンピタンスは簡単に指摘できるものではない（Hamel and Prahalad, 1994）。

　あえて，細やかな調整を行わず，その調整に要するコストを節約し，コストの優位を追求しシェアを高める。そのシェアがデファクト・スタンダードに近くなったとき，持続的な競争優位が生まれる。しかし，この道は，ファースト・ムーバーのアドバンテージを利用した一部の企業だけに可能な方策である。換言すれば，別の模倣不可能な資源の上にそれは成り立つ。例えば，番組制作は外注化しても，免許制度に守られている放送局，地価の高い都市部の駅に隣接した巨大なショッピングセンターなどは，その免許制度，あるいは大きさゆえに模倣や新規参入は許さない。

　このような模倣不可能な競争優位なしには一時的なコスト優位はあったとしても長く続かない。超過利潤がそこにあることから，模倣の可能性が高まり新規参入を招く。実際優れたアウトソーシング先は実績をもって競合企業に営業を行う。競合企業は，当然その実績があるために，その戦略を模倣する。

　このアウトソーシングのジレンマを回避するための方法が，オープンな取引先を積極的にコントロールし，自社に有利に調整する能力の構築である。これらは，模倣が難しい能力である。すなわち，単なるオープン・インターフェイスではなく，事後的に調整する能力である。これが，本稿でいう「オープン・インテグラル戦略」である。これらの戦略の確立なくしては，模倣の可能性に対処できず，競争優位を確立できない。

【第5章注釈】
1)　情報の非対称性とは，取引される財・サービスの品質やタイプなどについての情報が，経済主体の間で異なる状態をいう。例えば労働市場で，労働者の能力は労働者自身にはわかるが雇用する側にはわからない場合のように，情報が一方に偏っている状況である。Akerlof（1970）は，財やサービスの品質に関する情報の非対称性が，市場取引に与える効果を定式化し，その後，情報の経済学の発展を基礎付けた。

2) 2001年に雪印食品の関西ミートセンター社員が輸入肉を国産用の箱に詰め替えて偽装し，農水省にBSE対策としての買い上げを求めた事件。詐欺として立件され，雪印食品は解散，雪印も大きな影響を蒙った。産経新聞取材班（2001）『ブランドはなぜ墜ちたか──雪印，そごう，三菱自動車事件の深層』角川書店。
3) Barney, Jay B, (2002), *Gaining and Sustaining Competetive Advantage*, second edition, Peason Education Inc. (邦訳：岡田正大訳（2003）『企業戦略論　競争優位の構築と持続（上中下）』ダイヤモンド社，中巻 p.13)
4) 日本企業の信頼のメカニズムについては，Fukuyama, Francis, (1995), *Trust*. (邦訳：加藤寛訳（1996）『信無くば立たず』三笠書房）。
5) 組織ルーティンとは，組織において日常的に繰り返される安定的な行動パターンのことである。組織ルーティンには，規則や手続，組織構造など組織において公式に制度化されているものに加えて，メンバー間で暗黙のうちに共有されてい組織文化，メンバー個人が記憶している知識なども含まれる。
6) March, G. James and Herbert Simon（1958），*Organizations*. (邦訳：土屋守章訳（1977）『オーガニゼーションズ』ダイヤモンド社，pp.169-205)
7) Malone, Thomas W.（2004），*The Future of Work*. (邦訳：高橋則明訳（2004）『フューチャー・オブ・ワーク』ランダムハウス講談社）
8) 製品は，一般的に，構想，概念設計，基本設計，詳細設計，から構成されており，工業製品の実際の製造にあたっては，これらの過程に続いて生産設計がある（吉川弘之・冨山哲男，2000）。
9) これらは，コンカレント・エンジニアリング（concurrent engineering）のメカニズムとともに，生産性向上を果たす。コンカレント・エンジニアリングとは，設計・試作・実験といった製品開発と，設備設計・生産準備といった工程開発とを同時並行的に進める方式のことである。問題が早期に解決されることで，品質や開発生産性が向上するほか，製品開発期間も短縮できる。開発段階から製造部門と開発部門が密に情報交換し，製造段階に生じる問題を早期に解決することが果たせる。
10) これらの調整のメカニズムについて，アレンとハウプトマン（Allen and Hauptman, 1987）は，開発組織と企業戦略の依存性について，三つの論点を挙げている。
    1．開発期間の長さ
    2．技術変化の程度
    3．製品サブ・システム間の相互依存性の程度
11) これは，基本的に，いわゆる「完備契約」──予め，想定されるものを全て書き尽くしておかねばならない──に近い。契約理論は完備契約（complete contract）理論と不完備契約（incomplete contract）理論に大別される。Akerlof（1970）によって指摘されたように，情報の非対称性に基づく問題が契約の当事者間に発生する。これに関して，提示される契約は全ての状況にcontingentであることを前提としているのが完備契約（complete contract）である。モジュールにおいても，その設計段階において，考えられる全ての条件を書き尽くしておかねばならない。

12) 仕様を公開した企業は，シェアの増大，ネットワーク外部性による自社の製品がデファクト・スタンダードになることなどの便益と，有償によるそれら知的所有権提供の便益の評価から，「仕様公開」という選択を行ったのである。それは，戦略的な判断である。サプライヤーはそれらの知的財産が，無償で提供されているからといって，その設計には，事前に大きなコストがかかっていることを忘れてはならない。
13) 例えば，中国におけるバイクの生産。藤本隆宏・葛東昇（2003）「擬似オープン・アーキテクチャと技術的ロック・イン　中国二輪産業の事例から」『RIETI　ディスカッションペーパー』04-J-003，を参照。
14) 末松千尋（2002）『京様式経営モジュール化戦略—「ネットワーク外部性」活用の革新モデル』日本経済新聞社，などを参照。
15) 各部品の精度が悪く，部品を「摺り合わせ」調整しなくては，製品を製造することができないことはある。フォーディズム登場以前，近代以前の工業製品にはそれがあった（藤本，2001，p.63）。近代の工業化によって擦り合わせ調整を必要とする製品は競争力を失った。しかし，ここで，論じようとするのは，オープンかつ「摺り合わせ」を行って，現代でも合理性を持つ製品，競争力を持つ製品の有無である。
16) 有賀健（1993）『日本的流通の経済学』日本経済新聞社，pp.173-206に大衆薬を事例としたインセンティブ・システムの分析がある。
17) 例えば，いわゆる「リベート」。最終的に売れた販売数量に従って，価格が上下する。
18) モジュール化あるいは，アーキテクチャに関する議論は，元々コンピュータを典型とする工業製品から出発した。その工業製品の部品をいかに設計し，誰が構築するかという議論が立脚点であり，そこから，その部品をつくり出す組織と組織間関係をも視野に入れているという構図である。

　しかし，アーキテクチャ産業論は，工業のみに適用可能なものではない。金融のモジュラー化，アーキテクチャ化の議論については，臼杵（2001）「金融業のアーキテクチャと競争力　内在化するモジュラー化志向とクローズな取引関係の役割」，流通業については　武石・高梨（2001）「海運業のコンテナ化　オープン・モジュラー化のプロセスとインパクト」が存在する。

　しかし，日本の経営学のメインストリームは工業への関心であり，金融，流通など第三次産業はそれぞれ，金融論，流通論などという枠組みに入れられ，研究者の数も不足している。まだまだ研究が進んでいるとは言い難い。
19) モジュールには問題点がある。完全なモジュール設計には大きな事前調整費用がかかる，ということである。そして，その設計にフリーライドされる場合の事例（中国バイク，交換部品など）もある。藤本・葛東（2003）によれば，世界最大のオートバイ生産国に成長した中国において，生産シェアでは外資系企業を圧倒するほどの活力を持つ中国系企業群が，技術面では外国企業の製品を模倣・改造する段階にとどまっているのはなぜか，という問題について，外資系（日本）企業が導入したインテグラル（擦り合わせ）・アーキテクチャの製品をコピー・改造し　そのコピー・改造部品をあたかも汎用部品のように扱い，新製品を開発する「擬似オープン・アーキテクチャ」というフリーライドが行

われている，それが理由であるという指摘をしている．

　つまりは，一端設計されたモジュールは，オープン性と引き替えに，プロパティ・ライツ理論のいう公共領域におかれる．そのことによるメリットも存在する（国領，1995，1999）が，また，ボトルネック独占を許す場合など，設計者がそのコストを回収できない場合がある．

20）　藤本・武石・青島（2001）『ビジネス・アーキテクチャ』などによるマトリックスによれば，モジュールの対概念としてインテグラルが存在する．

21）　イオン・グループは，SC内のテナントを子会社として所有または開発している．本業ジャスコの収益力においては，イトーヨーカドーとは差があるといわれるが，モジュール間のインターフェイス設計ルールが，簡単に分割可能ではありながら基本的に一社で閉じているサブ・システムたる「専門店」を自社内で所有・運営することによって成長している．このGMSはイオン・グループのSC事業またはその運営を意味するのではなく，その一つの核テナントであるジャスコ事業の部分を取り上げている．

22）　オープン・インテグラルは，工業製品の設計としては，成立しない．20世紀初頭，フォーディズムと呼ばれる工業の革命によって，精度の問題は解決し，摺り合わせは設計の段階で事前に調整されるようになった．一端，設計された製品は，それ自体がロック・イン（lock-in）となる．ロック・インとは，ネットワーク外部性が働く財・サービスで，外部性の利益を得ようとして一時的であれ需要構造が固定化することである．または，耐久財や相互に接続して使用される機器・システムを購入した後，スイッチング・コスト（switching cost）の存在によりその財・サービスを使用し続ける状況に閉じ込められることである．歴史的には偶然の決定がその後の様式や規律を規定する．

23）　浅沼（1997）は，自動車産業を中心にネットワーク関連の企業間関係を分析したが，ネットワークのコーディネーションを問題にしている．ミルグラムとロバーツ(1992)は，多様化された製品のフレキシブル生産の進行により，より広範囲なコーディネーションが必要になる，と述べている．このコーディネーションを事後的に行っているのが，藤本（2003，pp.96-97）のいう「摺り合わせ」ものづくり工業製品であり，事前に行っているのが，モジュールである．「摺り合わせ」製品である自動車産業においては，買手側の企業は，所有権的には独立している．それにもかかわらず，密接なコミュニケーションと共同のプランニングによって関係付けられたサプライヤーの広範な利用（浅沼，1997，8章）がされている．中核企業がサプライヤーのリスクを相当程度吸収していることによって，競争力がある．これは，サプライヤーが関係特殊的技能の蓄積を促進することによって助けられている．しかし，下流（つまりはディーラー）については，分析が遅れていると浅沼（1997，p.310）は，指摘している．ディーラーすなわち自動車流通においても，それらの調整が行われていることは自明である．

24）　オープン性のメリットを享受して，多くのモジュール提供企業が隆盛を極めている．スマイル・カーブとは台湾のエイサー（宏碁電脳）社のスタン・シー会長がパソコンの製造過程分業について述べた言葉である．製造過程のそれぞれにおいて付加価値を図示すると人の笑った口のようになる．パソコンでは川上のオペレーション・システムや

CPU，具体的にはマイクロソフト社やインテル社が多くの利益を出し，川下では，デルがアフターサービスなどの付加価値をもって利益を出す。スマイル・カーブのまん中の組立の部分，労働集約的な作業は，最も利幅が薄い。モジュール化による作業の標準化と競争の激化にさらされることによって，収益率が低下している。

25) 本稿で分析している大型流通業では「返品制度・派遣店員制度」のもとで販売をアウトソーシングしている。さらにコンビニエンス・ストアは，フランチャイズの形式で，販売を外部の資源に任せている。製造業でも，EMS（Electronics Manufacturing Services）の利用が普及しつつある。

第6章

百貨店の店舗設計

1　百貨店のマーチャンダイジング

　大型店の店舗設計は，製品計画あるいは商品計画（マーチャンダイジング：merchandising）機能の一環である。提供するものそれ自体は，工業的な「製品」であることが多いが，それをいかに組み合わせ（アソートメント：assortment），いかなるソフトウェアを付け加えて売るかに，サービス業たる流通業の存在価値がある。流通業者は，生産と消費の間に立って，消費者需要に応じて商品を取りそろえて販売することにより，両者の懸隔を解消し調整機能を果たしているが，その消費者との接点に有るのが店舗である。

　マーチャンダイジングとは，消費者が，商品を購入するとき，それを満足させるように企業が行う行為である。企業は，消費者の求めに応じて，適切な商品を，適切なときに，適切な場所で，適切な量を提供する。マーチャンダイジングは製造業，流通業の両方に関わる概念であり，両者を適切に調整しなくては顧客の満足は実現できない。マーチャンダイジングは，卸売業や小売業で，品揃えや商品仕入れのための計画や管理の意味で使われている。そして顧客の満足の重要性は高まっている[1]。さらに，それは，価格の低さだけで得られるものではない。

　供給される商品の種類が多くなり，消費者のニーズも多様化してくると，流通業者が，消費者の求める商品をつねに全て在庫しておくことは不可能である。豊かさが消費者の要求を高度化し，商品の個性化を促進する今日，多品種少量の品揃えをいかに実現するかがマーチャンダイジングの課題である。特に，大型小売店舗の利益の中心を担うファッション商品においては，一部

107

を除き大量生産された商品を,大量販売に繋げることは難しい[2]。このマーチャンダイジング上の課題に答えようとすれば,多くの在庫を余儀なくされ,経営効率を落とす[3]。しかし,品揃えの幅を縮小すれば顧客を失うことになる。このジレンマを解決する一つの手段が,本稿第2章で見た返品制度であった。

製品とは,企業が市場に提示する消費者ニーズ充足のための媒体(メディア)である。それは,有形の実物だけでなく,それに付随するソフトウェア,サービス,といった無形のものをも含む。製品が,顧客の心理により,異なって認識される場合,これを,製品差別化と呼ぶ[4]。企業は製品差別化のもとで差別的優位性を追求する[5]。

一方,マーケティング(marketing)は,顧客のニーズの決定から出発する概念である。店舗の開発から,情報の伝達,販売活動まで,全ての企業活動がこの目標にそって統合,調整されるということがマーケティングには必要である。

マーケティング活動から,マーチャンダイジング(merchandising)は設計される。ビジネス活動を効率的に推進していくために,販売,広告,製品,販売促進,市場調査,物的流通,製品サービスなどを,消費者志向を重視して組み立てる。特に,百貨店・SCの場合は,流行に左右される産業であるために,マーケティング機能が企業組織の中核に据えられることが必要となる。ファッション製品は,低成長の成熟市場であり,消費者は,細分化されている。その細分化した市場のなかで,企業は,競合関係を十分考慮し,熟年市場,単身者市場,働く主婦市場などを区別するが,百貨店・SC,ファッション業界では,さらに細かい基準を用いて市場を細分化する[6]。市場細分化(market segmentation)とは,市場を消費者の人口統計的・心理的属性や商品の使用行動に応じていくつかの部分集合に分けることである。百貨店・SCではこの「基準」がより細かい。それぞれの細分化された市場に合わせた特異な商品やマーケティング活動を展開することが必要な業態である。

こうした特質から,大型流通業のマーケティング管理(marketing management)[7]は全社的視点から運営しようとする。マネジリアル・マーケティング(managerial markeing)を指向し,一部門管理の問題としてではなく,経営全般の問題としてとらえる。企業組織全体を,顧客志向の立場から,

調整・統合していこうとするマーケティングの考え方が採用されている。

　このマーケティング上の問題を達成するために，商品を需要の変化に応じた最適化する製品ミックス（product mix）[8]が必要とされることになる。これを細分化された市場に適応した形で構成することが必要である。これを構成するのに，百貨店・SCは，多くの取引先との交渉を行うこととなる。[9]

2　マーチャンダイジングの実現の方法

　マーチャンダイジングを実現するためには，投資の規模別に様々な形態がある。

(1)　店舗新設（新規出店）
(2)　新館建設・増床
(3)　リニューアル（renewal）
(4)　ブランド入れ替え（brand-change）
(5)　商品入れ替え

　全く新しい店舗を建物から新設する場合，あるいはSC（ショッピングセンター）の核テナントとして出店する場合，投資額は200億～3,000億円程度である。大手百貨店といえどもこの投資の負担は大きい。特に現在は百貨店は利益率が低いために，投資を回収するには時間を必要とする。計画通りの推移でも黒字化するまでに相当に時間がかかるケースが多い。[10]また，投資額が大きいために，撤退によりサンク・コストになった場合負担は重い。

　新館を建設し，増床をはかるケースが，それに次ぐ投資額であろう。[11]増床の規模は様々であり，事務所や倉庫として使っていたスペースを売場に転用するケースもある。この場合，投資は小規模である。しかし，地価の高い都心部の一等地に増床する場合，新設とあまり変わらない額の投資が必要とされることもある。

　店舗新設や新館建設・増床には，大規模な投資と，建設の場合にはまとまった土地の確保が必要になるところから，地域にとって見れば数十年に一度の頻度である。企業にとっても，新規出店は「社運を賭けた」大きな意思決定であり，その頻度は高くない。日本の百貨店史では，水島廣雄が「グレーターそごう」「ダブルそごう」「トリプルそごう」の諸計画を唱えて，社長就

任時の3店舗（大阪，神戸，東京）から30店舗に30年間で規模を大きくした経営があったが，これは例外といえるだろう。その結果は，累積借入金1兆3,800億円といわれる負担に耐え切れず，民事再生法の適用を受け（2000年），大阪，多摩，木更津など7店舗を閉鎖する事態に至った（宇田川，2004）。これらは百貨店が店舗を急激に拡大することの難しさを示している事例であろう。

　リニューアル（renewal）あるいは，リモデルは，数年に一度程度の頻度で行われる。投資の規模が大きくなるのは，商品群の，フロアをまたがる入れ替えの場合である。例えば，1990年代までの百貨店は，2階等の低層階に男性のファッションを扱うフロアがあった。しかし，それ以降これを改装し，高層階に移転させることが多くなった。これは，カテゴリー・キラーの台頭によって，多くの商品群を失い，ファッション・衣料・雑貨の取り扱いを増やしていった結果でもある。代わりに低層階は多くの場合，若い女性を対象としたファッション・フロアになった。この場合は，フロアの内装，天井や床，柱周辺までも変えて，雰囲気を一新することが求められる。婦人ファッションはそれまで標準的なフロア構成では地上8層，地下1層のなかで，3階，4階の2フロアを占めていることが多かったが，この時期より，2階へ，さらに5階へと拡がりをみせていった[13]。

　このような，「玉突き」のフロアの移動は大きな投資とともに膨大な調整を必要とする。社内においては，異なる部門間，事業部間での調整が必須となる。百貨店は，地域に密着し，地域単位，店舗単位で異なるマーチャンダイジングを行っている。その一方で，本店または本社の政策に服する。したがっていわゆるマトリックス組織を取ることが多い。マトリックス組織は，本社が統制を行いながらも，地域事情を反映するために選択されることが多いが，地域の差異に対応する百貨店の各支店もこの問題を同様の組織で解決しようとする。一方，マトリックス組織の調整に難があることはよく知られている。

　さらに，社外との調整をしなくてはならない。派遣社員問題に象徴されるように，現代の日本の百貨店は，問屋・メーカーといった取引先と密接に関係しながら，売場を運営している。リニューアルは，ブランドの消滅・取り入れ，面積の拡大・縮小がともなう。取引先にとっては死活問題である。さ

らにそこに雇用されていた派遣社員にとっては，雇用の問題にすら発展する。

リニューアルは「全館リニューアル」と銘打って全フロアで行うことも稀にあるが，多くの場合，フロア単位で行われる。または，フロアの一部分で行われることも多い。このことは何を意味するか。フロア改装，ブランドの取り入れは，必然的に設備投資がともなう。異なる時期に投資されているものは，減価償却によって価値が異なる。フロア移動や通路の移動等で玉突き様の移動が発生した時には，まだ投資したばかりで償却が終わっていないものを壊さねばならないことが多い。これは，大きな滅失を発生させる。これは，部門の経営目標にとっては大きな問題である。

そして，その設備投資が，百貨店で全て賄われている場合はまだ調整は容易である。何かあってもヒエラルキーで調整が可能である故である。しかし，現代の百貨店では，ブランドのCI（コーポレート・アイデンティティ）を重視するために，取引先が，そのブランドの什器を持ち込むケースが多い。また，床，壁，照明等に対しても同様の理由から取引先が，金銭的な負担をしている場合が多い。これは，取引特殊的な投資である。ブランドの廃止によって，投資の大部分はサンク・コストとなる。

そのようなケースにおいて，フロアの移動，通路の移動，自分以外のブランドの廃止・拡大・取り入れ等の事由によって，そのブランドが移動・廃止されることが起こると取引先の投資は回収できない。リニューアルにおいては，このサンク・コストを有するそれを調整せねばならない。

所有権理論でいえば，百貨店のフロアには，公共領域に置かれている部分がある。法律的には，所有権は百貨店が持っているはずである。しかし，取引先が自己の負担によって什器を置いた瞬間に，その場所に対し，取引先・問屋に既得権的な所有権が発生するのである。店舗の新設や新館建設の場合と異なり，リニューアルを行う場合は，必ずこの調整問題が発生する。新館建設の場合でも，本館から新館への場所の移動，またはブランド，テナントが抜けたことによって，玉突き様の場所の移動が発生する。この場合でも，取引特殊的な投資はサンクする。

小規模な，ブランド入れ替え（brand-change）においてもこの問題は発生する。ブランドの入れ替えは，概ね半期単位で発生する。売上げ不振のブラ

ンドが撤退することもあれば，その店舗では好調であっても，全体の不振やライセンス[14]の問題で廃止になることもある。また百貨店側の都合により，撤退を要請することもある。この場合，まだ減価償却が終わっていない投資を滅失させねばならないことがある。

　商品入れ替えは，随時，行われている。ファッション・ブランドでは，週2，3回程度，納品が行われている。その際に，売れた商品が補充されるが，その際にも頻繁に売れると思われる商品の納品，売れないと判断された商品の「返品」が行われる。また，季節，天候によっても品揃えは変わる。季節は，春夏秋冬をベースに，初春，晩春と日本には季節を表す言葉が豊かにある。日本の婦人服ファッションにおいては，季節を13，4区分をするところも存在する。通常の辞書には存在しない，「梅春（うめはる）」などという季節もそこには存在し，商品をその単位で細かく入れ替えしていく。

　概ね3カ月前に，週単位の商品計画が立案[15]される。その商品計画の際でも，季節によって，ブランドの面積は拡大・縮小される。ここには，各ブランドにとってみれば，共用領域である「ショーウインドウ」「VPスペース[16]」等をどのブランドが使用するか，いう問題も発生する。そのスペースは，通常，エスカレータ周辺，エレベータ正面，通路など，人通りの多い場所に面し，その場所を使用できるかどうかは売上げの多寡に直結する。

　さらに，季節によって，売場の面積は増減する。婦人服のフロアでいえば，春夏にかけて，水着売場が増設されることが多いが，これによって面積が初春より縮小されるブランドがそこに存在するだろう。この水着の面積は，秋口には消滅する。秋冬にはコートが面積を必要とする。これら季節品を独立させて，他に影響を与えないということが可能であるならばよいが，普通はそれでは収まらない。例えば，水着は，20代女性を主たる顧客とするために3階ヤングフロアに設置されるが，コートは40代，50代もターゲットとなる。そのために3階ヤングフロアに「季節用品コーナー」を設けて，そこで，春夏は水着，秋冬はコート売場として使用するということは現実的ではなくなる。もしそれを行えば，秋冬には，そこにはターゲットの異なる顧客層がフロアに入り混じることになり効率を下げる。

　それを避けるためには，季節単位での売場の拡大縮小が避けては通れない[17]。

その度に，取引先との煩雑な調整が必要となる。細かい売場の調整は，週単位で行われる。[18]

また，ショッピングセンター（SC）と百貨店の顕著な違いは，いわゆる「平場（ひらば）」の有無である。平場とは，通路からの入り口を除いた3方が壁で仕切られているブランドのイン・ショップとは違い，複数のブランドを横壁の仕切りを付けずに展開している売場をいう。かつては，百貨店の売場は平場が中心だったが，1985年以降，百貨店の高級化の流れのなかでイン・ショップが増加している。高級感を演出するブランドには商品，販売員，包装，什器から床，天井といった内装までトータルに演出することが必要だからである。平場には，スーツやコート，セーターやブラウス，ランジェリーやファンデーションといった同じアイテムを集めたアイテム集積型の平場のほか，フォーマルなどの用途・シチュエーション，Lサイズなどサイズを切り口にした平場，コーディネート型のブランドを組みわせた平場もある。横壁など仕切りがないため，ブランドの好不調やシーズンによって簡単に拡縮できるのが特徴である。

これらの平場を柔軟に運用することが百貨店の効率を左右する。

3　誰が調整を行うのか

これらの調整の主体となるのが，百貨店の社員である。前節で論じたマーチャンダイジングの設計に関する調整は，バイヤー，マネージャといわれる係長級・課長級の社員が行う。自動車産業においては，設計時の調整を容易にするものとして，重量級プロジェクト・マネージャ（Heavy-Weight Project Manager）がある（Clark and Fujimoto，1991，pp.247-285）。これは，自動車のようなクローズド・インテグラルの調整を要する製品には，設計時における調整費用の低減のために必要な存在であった。百貨店のオープン・インテグラルな調整においては，調整のメカニズムが日々行われる。

さらに，百貨店の一般の販売員であっても調整の主体となる部分が存在する。[19] 売場はチームである。営業時間は，午前10時から午後8時前後であるが，その営業時間に対し，どのように人員を配置するか。また年間350日を超える営業日に対し，どのように休日を取らせるか。こうした調整は，百貨店の「一

般の販売員」が主体となって行う。百貨店の販売の主体は，派遣社員であり，一つの売場には一人のマネージャ（係長・課長級）と，一般社員が5人前後，パート社員が5人前後に対し，派遣社員が30人から80名前後というのが一つの典型的なモデルとなっている現代の百貨店の人員構成である。この派遣社員を，繁閑の度合いを予想しながら人員のシフトを定めていくのだが，ここにも大きな調整を要する課題が発生している。その調整に失敗すれば，売場の繁忙時に販売員が少なくなって売上げが低下し，逆に閑散時には販売員が過剰になる。労働集約産業である百貨店業とその取引先にとって人件費コストの調整の巧拙は大きい。さらに販売員のモチベーションに直結する問題でもある。[20]

　これらの調整が，係長級・課長級のいわば「軽量級」の百貨店社員によって担われている。

4　調整のコストとベネフィット

　これらの調整には当然，調整費用がかかる。具体的には，これら百貨店の社員の人件費，売場の拡大・縮小にともなう投資・滅失が直接的な経費である。そこにともなう交渉や調整の費用は，取引先にも発生する。

　経済学では，こうした公共領域に関する所有権を画定させることによって調整費用がなくなることを教えている。大型流通業のシステムでいえば，SCのシステムである。それぞれが，独立した面積を所有し，共有部分が小さい。所有権の確定は重要な部分においてはなされている。百貨店は相対的に共有部分が大きい。この「共有」は，法律的な所有権とは関係がない。例えば，個々のブランドの占有面積が様々な調整が行われ，拡大・縮小されることがあることをいう。

　百貨店では，消化仕入れの場合，店頭に並ぶ商品の所有権は持っていない。しかし，店舗の空間を所有し，それを貸し出し，共有させることによって最大のパフォーマンスを得ようとする。

　前述の分析で見たとおり，都心では，百貨店のパフォーマンスがよい。郊外では，他の調整方法を持つ業態（SC，GMS）と接近する。これは都心においては最大のパフォーマンスを求めて，高いコストを支払うことは有効であることを示す。

オープン性についていえば，それは百貨店のオペレーション・システムの持つ派遣店員制[21]と，返品制度によって特徴付けられている。この二つの制度から，時に「場所貸し」業と揶揄される[22]。場所貸しといわれるように，頻繁にテナントやブランドを入れ替え，また派遣店員が流動するオープン性を持ってビジネスを行っていることは明らかである。これらの制度は，1960年代から存在し，実に半世紀程度の歴史を持つオープン組織である。アウトソーシングという言葉が一般的になるはるか以前から，ビジネスのなかに，他社の持つ経営資源を有効活用してきた。

また，インテグラル性に関していえば，その調整を百貨店の従業員が担っている。調整に基づくマーチャンダイジングの実現が行われている。これは特にSC（ショッピングセンター）との比較において明らかである。特に，日々の調整を必要とする平場の有無にこの違いがある。

5　調整の実行者

では，その調整は，誰によって，どのように行われているのか。流通論では，「流通チャネル」のチャネル・キャプテンは何かという問いを分析することで，流通を構成する企業群の協働関係もしくは対立関係を取り扱ってきた[23]。さらに分析をすすめるために以下の問いを問う。特に問題となるのは，係長・課長を主体とする「軽量級」の調整者が何ゆえに，取引先企業の売上げ・利益の減少をも含む調整が可能か，についてである。

(1)　交渉力（パワー）の源泉はどこか
(2)　調整の基準は何か

最初の問いは，一見，簡単である。マイケル・ポーターのファイブ・フォースがその交渉力を分析するにあたっての出発点になるだろう。供給業者の交渉力は，供給業者の相対的集約度，供給業者の製品・サービスに対する代替の脅威の度合い，供給業者の製品・サービスの差別化の度合い，供給業者と買手の力関係などによって決まるとされている。大型流通業においてもこの議論は説得力を持つ。しかし，百貨店の交渉力については幾ばくかの疑問がある。それは，相対的集約度の問題である。百貨店は最も売上げの大きい，Jフロント，高島屋などで1兆円程度の規模がある。たしかに売上げは大きい

かもしれないが，それが非常に多くの取引先に分散する。ある百貨店の取引は，取引先それぞれにとってみれば，大きな規模にはならない。したがって，取引先に対して大きな交渉力を持ち得ないはずである。

しかし，現実には百貨店は派遣店員の人件費負担も含めよりよい条件を取引先から得ている。それはなぜか。

ポーターの交渉力の分析は，暗黙的に1対1の交渉を想定している。交渉の当事者どちらかが，スイッチングを試みることは想定されているが，その交渉が，第三者に与える影響については，考慮されていない。

ある交渉にともなう取引の成功が，広範な影響を与えることがある。具体例を挙げれば，例えば，三越や高島屋の日本橋店，新宿伊勢丹などの老舗系百貨店の本店で取り扱いがあるブランドには，そのことによってプラスの効果が働く。SC，地方百貨店その他との交渉にあたり，こういった「一流」店舗での扱い実績は高い評価を受ける。例えば，一流の技術を持つ「中小企業」が，NASA（アメリカ航空宇宙局）との取引実績をアピールするようなものである。人事評価などで取り上げられるバイアスに，「ハロー効果（halo effect，後光効果）」という概念が存在するが，これも同様である。取引先にとって見れば，ブランド上の権威ある百貨店店舗との交渉にあっては，その取引自体に利益がなくとも，他の流通業者に対する交渉上の価値を見出しえる。このメカニズムを百貨店側が利用するということが存在する。

この評判のメカニズムは，ファッション・衣料という特性によって有効に働く。これには，情報の不完全性が働いている。ファッション・衣料は，流行という不確実性が高い市場にある商品である。この問題の解決に必要なのは，評判情報を集約し伝達するための「評判システム」である。だから，評判のメカニズムは有効に作用する。このメカニズムが特に外部経営資源の活用では重要である。ファッション製品は，単純化していえばブランド・イメージという「評判」がその価値の根幹を占めるものである。ヒエラルキーによらないネットワーク・マーケティングの組織においては，調整のメカニズムとして価格，権威，信頼という三つのコントロール・メカニズムが存在すると論じられている（陶山・宮崎・藤本，2002，pp.47-48）[24]。この権威と信頼が評判のメカニズムと密接に関係する。

第6章 百貨店の店舗設計

　では，百貨店でみられる煩雑な交渉において，交渉に携わる社員は，何を担保として調整を行うのか。そこには，取引先に対する何か強制力を持っているのか。日々，百貨店の店頭では細かな「調整」が行われている。そのなかには，売場の拡大・縮小，派遣社員のシフトなど，直接・間接に取引先企業の売上げ・利益に影響をもたらすものが少なくない。本来ならば，取引先の売上げ・利益に影響をもたらす与件は，「現場」の営業担当者ではなく，高位の管理者によって調整されてしかるべきと考えられる。しかし，百貨店と取引先において，ある程度の権威を持つ担当者同士が公に交渉する頻度は非常に少ない[25]。調整のほとんどは，一般社員を含む百貨店社員と，取引先営業担当・派遣社員のあいだで，口頭で行われる。一般社員あるいは係長クラスは，交渉の切り札ともいうべき，ブランドの撤退や条件などを提示する権限を持っていない[26]。

　そのような強力な切り札をもたずに，「軽量級」のマネージャ，バイヤーは，店舗のマーチャンダイジング設計・調整に必要な交渉力をいかに維持できるのか。または，その基準は何か。

　パソコンは，その設計をオープン化された部品の組み合わせで開発を行う。デスクトップ・パソコンがオープン・モジュール・アーキテクチャであるのに対し，ノート型のそれは別の調整を要するアーキテクチャである。ノート・パソコンの調整の基準は，小型軽量化された筐体である。その筐体のなかに収めることが可能か否か，この基準でもって調整が行われる。オープン・モジュールは，「性能の向上」という一つの軸で調整が行われ，それ以外はカプセル化されていた。そのために，設計の変更が容易で調整費用の必要がなく，そのメリットを享受できた。しかし，「性能の向上」という軸に加え，筐体の大きさと重量という複数の「軸」が必要になったとき，カプセル化は崩壊し，調整が必要になる。

　では，百貨店をはじめとする大型流通業において，その「軸」に相当するものは何か。そして交渉力の源は何か。それが次節の問いである。

6　百貨店の調整力

　店舗の競争力はどこできまるか。一般的には，店舗面積，人口集積地との

距離等の立地，ブランドの集積の量と質，広告宣伝政策等によって定まる。

　店舗間競争の根底には，地域間競合と同様の競争メカニズムがあると見ることができる。地域の競争力は，大小様々のそして多様な意図を持った個人・組織の集積による総合力で定まる。これは，一定の権限を持った権威者の意志決定によって定まるものではない。大規模小売店の店頭も，様々な意図を持ち，ヒエラルキーによらない調整が行れることにおいて本質的な違いはない。商店街は地域を単位とする。大型流通業は，あたかも小さな地域のように作用する。したがって，ポーターをはじめとする地域，産業集積に関する理論はある程度，店舗間競争の分析にも使用できる[27]。

　店（街）の魅力は，その店舗の一員となりたいと思う取引先の質と量の増減によって変化する。魅力のある取引先が十分に集積されれば，そこに魅力が生まれる。

　しかし，その集積が十分であるのか，また方向性が一致しているかどうかを判断するのは顧客である。その集積が量として十分であっても，質的にバラバラであったり，方向性が様々であったりするとそこに魅力は生まれてこない。

　その店舗（街）に魅力があるかどうか。全ての必要なものが過不足なく揃うかどうか。疲れたときに休む場所があるかどうか。お洒落な雰囲気があるかどうか。知性を惹き付けるものはあるか。家族，カップルなど複数で訪れた場合でもそのそれぞれを満足させられるか。そういったものの総合力として街（店舗）の魅力は定まっていく。

　細かい日々の調整装置を持たず，日々のマーチャンダイジング設計を無調整で行うショッピングセンターは，調整の不備によって効率を落とすことがある。換言すれば，大型流通業の店頭のマーチャンダイジングはカプセル化されていない，ということである。個々のブランドの品揃え設計は，他の店舗に対して日々影響を及ぼす。これについては後で詳細に論じる。ある大型店舗内に出店する個別店舗が，品揃え設計に失敗し，顧客の支持を失えば，同じ大型店舗内に属するブランドに顧客が流れ，潤うかもしれない。しかしそのブランドが顧客を失ったことにより，その大型流通業店舗そのものに来店しなくなるかもしれない。

「顧客を失う」ということは，何らかの失敗による。直接的かつ理解しやすい例は，顧客のいわゆる「クレーム」である。クレームが発生した場合，それを処理するのは誰か。処理とは，顧客の苦情を聞いてその問題の原因を究明し，顧客と交渉し，再発を防ぐ，という役割である。百貨店の場合は，その発生原因が派遣社員の直接的なミスや納品前の品質管理上の手落ちであっても，百貨店の正社員がそれを担う。そして，責任を持って処理することになる。SCの場合，デベロッパー側がそれを行うことは少ない[28]。そのクレームを上手く処理することができれば，それは固定客を生むことになる。

7 顧客の代弁者としての百貨店社員

百貨店店頭でのマーチャンダイジング調整の「軸」は顧客の目である。ノート・パソコンの調整の場合，筐体の大きさ，重量などの調整の必要によってカプセル化が崩壊した[29]。部品それぞれの仕様変更が他の設計に影響を与えることになるからである。

同様に，百貨店を構成するそれぞれのブランドはそれぞれの部分的な売上げの最適化をはかったとしても，それが全体として無調整で行われた場合，全体が最適化されることはない。そこでは，「顧客」という軸でもって再調整をはからなくてはならない。

「顧客の軸」による再調整とは，以下のような事例である。

百貨店には，昔から「シャワー効果・噴水効果」という言葉が存在する[30]。シャワー効果とは，上層階に位置する「催し物会場」において，様々なイベント，バーゲンを行うことにより，あたかもシャワーのようにそれ以外の売場が潤うことをいう。噴水効果はその逆で，下層階（地下）に位置する食料品売場（いわゆる，デパチカ）が集客し，上層階を潤す効果をいう。

イベント，バーゲンは，多くの場合，赤字である。また，黒字であっても，百貨店の宣伝費の多くはこれらの催事の宣伝のために費やされていることを考慮すれば，その黒字幅は少なくなる。イベント，バーゲンのうち，入場料を徴収しない集客イベント（ものを売るということが一切ないもの）[31]は明らかに赤字である。顧客が多く来店して賑わい，多くの売上げが上がる地方物産展でも，什器のリース代，設営，地方からの運搬・交通費などが多額のため，

赤字の場合が多い．赤字であるのに，百貨店はなぜそのようなイベントを開催するのか．その答えは「シャワー効果・噴水効果」の存在である．イベント，バーゲンがそれ自体としては赤字であっても，もしくは黒字幅が少なくても，面積当たりの効率が悪くとも開催するのは，他の売場に顧客が流れ，売上げが上がるという想定をしているからである．また，その日の売上げは上がらなくとも，新規の顧客を開拓することに繋がり，長期的には店舗を潤す．高島屋横浜店での測定の結果では催事場で何らかの買い物をした顧客の1割から3割がさらに他の売場でも買い物をするという．その買い上げの割合は物産展，子供関係のイベントでは高く，バーゲン催事では低くなる傾向がある．催事場単独では効率が低い，もしくは赤字である以上，他の売場における買い回りをいかに高めるかが調整のポイントとなる．

　催事場は，オープン性が高い．通常1週間を単位として入れ替え，様々な取引先を広く募集する．年間に1週間しか開店しないブランド（取引先）[32]，初めてのブランドが存在する．販売に不慣れであったり，また百貨店でのローカル・ルールや特有の符丁などが存在するが，そのトラブルがあっても，それを押して新規の取引先，不慣れな取引先を取り入れる．その困難を百貨店社員が調整し，すぐに戦力としなくてはならない．それには，調整費用がかかるが，「目先を変える」ことによって，常に新しい顧客を広域から呼び込むには必要なものである．単体では，赤字，もしくは効率の悪い催し物，売場であっても「顧客」を軸として考えた場合，全体の売上げを押し上げる結果となる．

　これと同様のことが，他の売場でも起こる．地下食料品売場も赤字の場合が多い．出店している取引先単位では，特に菓子，惣菜などの売場においては，普段の時期は赤字であるが，中元・歳暮[33]の時期にギフトの需要が大きいために黒字化するという場合もある．つまり，地下1階では，このようなブランドは平常の場合，赤字なのである．しかし，食料品売場も催事場と同様に，赤字，もしくは効率の悪い売場であっても「顧客」を軸として考えた場合，全体の売上げを押し上げる結果となる．

　この関係は，他の売場間でも成立する．玩具売場は効率が悪くとも，子供を店舗に吸引する．書籍売場は，知性を持つ顧客を誘引する．また女性客が買い物をする間の男性客を繋ぎとめる．この逆のケースもあろう．食堂も同様である．

各ブランド（取引先）の社員，そこに所属する派遣社員は，基本的に自分のブランドの売上げを最大化しようとする。しかし，売場単位の効率の和が，全体の効率になるわけではない。顧客の買い回りを考えて，全体が最適化されるように店舗は設計されている。百貨店社員は，その全体効率を考慮して店舗設計，調整を行う。百貨店社員は顧客の立場に立ち，顧客の代弁者として振舞い，全体の最適化をはかる。調整の鍵は「顧客の目」である。

日々においても，この「顧客の目」で見た調整は存在する。

売場の一角が，バーゲンを始めるというケースがある。その場所の効率のみを考え，在庫処分を行うケース，売上げが目標に届かないから急遽，即効性のあるバーゲンを行うケースがそれである。しかし，全体の効率を考えた場合，売場の雰囲気を損なうことにより，全体にマイナスを与えることがある。この場合，他のブランドに影響が及ぶなどの理由で百貨店側が制止することがある。

逆に，6月（夏物のクリアランス[34]）あるいは1月（冬物のクリアランス）を開始するに当たって，足並みが揃わないというケースがある。ブランド側の都合により，定められたクリアランスの開始日より，前に，もしくは後に，クリアランスを開始するという場合である。クリアランスは，テレビCM，新聞広告等と連動するために，このような足並みの乱れは全体の効率を損なう。顧客の目で見た場合，そのブランドの一部が先にクリアランス，すなわち値下げをするなどはやはり異様に映るだろう。逆に，クリアランスのために来店したのにもかかわらず，一部のテナントが明後日からクリアランスを行うとすれば，顧客の期待を裏切る。

これらの「調整」には，当然コストがかかる。しかし，顧客の目から見て最適に調整することにより，全体効率が追求され，それゆえ個別の効率重視ならば，廃止すべき売場も維持されている。

こうした店舗設計に関わる調整，日々の調整の有無がオープン・モジュールたるショッピングセンターと異なる。ショッピングセンターにおいては，モジュールの結節点を個々の売上げに限定しているために，調整のコストはかからない。しかし，全体の面積当たりの効率は低い。

8　CRMとPOS

　これらの調整は，顧客一人当たりの効率を重視しようとするものである。
　90年代，日本の小売企業群は，コストの低減を目指して，大量仕入れ，開発輸入，地価の低い場所への出店，アルバイト，パートの活用による人件費削減，チェーン・オペレーション，等のイノベーションに取り組んできた。特にアメリカの影響を受けたロードサイドショップ，ディスカウンター，カテゴリー・キラー等が小売のイノベーションに新しい例をつけ加えてきた。これらの多くの企業は，M. E. Porter（1980）の三つの基本戦略の分類でいえば，コストのリーダシップを目指す戦略をとり，そのコスト競争力を価格政策に反映させてきた。ディスカウンターあるいはカテゴリー・キラーとして分類される企業は，伝統的な「ハイ・ロー（Hi-Lo Price）」戦略（目玉商品を赤字でもよいから売り，集客する戦略）から「エブリデー・ロープライス（Everyday Low Price：EDLP）」（全ての商品を均等に安くする戦略）へと情報化を鍵にビジネスモデルを洗練させていった。
　アメリカのディスカウンターやカテゴリー・キラーは，大量の仕入れとともに，EDIといわれる情報システムを活用し，コスト競争力をつけていった。電子データ交換（EDI：Electronic Data Interchange）とは，企業間の商取引などをコンピュータ化し，見積り，受発注，請求書等のやり取りを全てデータ化し，コンピュータによって処理する。これにより，その企業単独の努力では不可能であったコスト削減を可能にすることである。小売では購買時の情報を，POSシステム（Point of Sales system），販売時点情報管理システムを通じて本部で集計するとともに，メーカー，卸にデータをながす。
　流通業において，小売店の店頭で商品の販売動向を常に把握し，マーチャンダイジング，在庫管理に結び付けることのメリットは大きい。具体的には，値札を読み取ると，そのデータがPOSターミナル（レジスター），店舗内ミニコンピュータの回線を通じて本部のホストコンピュータへ届くという流れをつくる。このシステムにより，商品の販売動向をキャッチすることによって，売れ筋商品を見つけ，死に筋（売れなくて場所だけをふさいでいる商品，不良在庫）を発見し，店頭価格を変更する等の店舗設計の修正を行う。商品の

動向,すなわち,「何が売れているか」を即座に,詳細に集計することによって,顧客の好みや需要の変化をとらえ,小売業のマーケティングを展開していく。その情報を卸売,メーカーへと伝えていく。これにより,今までの職人芸ともいうべき売れ筋の見極めを,暗黙知から形式知にすることに成功した。これらの川上から川下への商品の流れに携わる企業群が,協力してムダを排除し,コストの削減に結び付ける。同時に情報の共有化をはかり商品供給を円滑に行い,売れ筋商品をつかむとともに,商品の新規開発に結び付ける。少し前までのアパレル業界,特にスーツ等の重衣料では,シーズン（例えば夏物）をいったん仕入れたら徐々に売り減らししていき,人気のあるサイズから売り切れても,一切補充はしないということがあたりまえであった。IT技術の進歩によるEDIは,QR（Quick Response）という言葉で語られる従来では考えられない短期での商品の早期発注,補充,納品を可能にする。これは,品切れ欠品の防止などによって,顧客にもメリットがあり,また商品の価格低下にも直結していく。アメリカではウォルマート,日本ではセブン-イレブンが洗練された仕組みを構築している。

　その完成形は,サプライ・チェーン・マネジメント（SCM：supply chain management）とよばれるIT（情報技術）を応用して統合的に管理し,企業収益を高めようとする管理手法である。最新の情報通信技術によって企業間を超えたサプライ・チェーン（供給連鎖）の効率をアップさせる手法であり大きな関心を集めている。優れたディスカウンターやコンビニエンス・ストアではSCMの仕組みが構築され,それが競争力の源泉になっている。流通業界のなかで少なくともコスト・リーダシップによって戦略を構築しようとする企業にとっては,SCMが確立できているかどうかが,業態間の,または企業間の競争力に大きな影響を与えている。

　しかし,コストのリーダーシップを取ることが小売業の戦略の全てではない。当然価格による競争ではなく,差別化による競争を試みる企業もある。これらは,POSまたはそれに類似したシステムから,いくらの購買額なのか,さらに何を買ったのかという「購買情報」と,誰が買ったのかという「本人特定」情報を結び付け,何らかの形で記録する。アメリカでは,この手法が「ダイレクト・マーケティング[35]」「関係性マーケティング」「One to One マーケテ

ィング」「顧客主導マーケティング」「データベース・マーケティング」等の名称で呼ばれる手法の理解によって1995年頃から急速に普及した。日本においても規制緩和による景品表示法の運用基準緩和（1997年）以降，ポイントカードの発行と平行してその取組みが急増している。

　現代のPOSシステムは，高度に発達し，多くの機能を可能にしている。POSシステムには，レジスター本来の金銭登録機としての機能に加え，多彩な機能がある。その機能は，一つの売場，一つの店舗を超えて，支店・本社間の連携を可能にした。

　加えて，90年代から，POSシステムには，他の企業との関係性を発展・維持するための機能が加わってきた。POSで集計された売上げ動向はコンピュータを介して，企業間の信頼を前提にして，他の企業にも転送され，在庫管理，納品リードタイムの短縮に使用されいる。EDIを介したQRの実現である。自明のことであるが，EDI,QRに関しては全てを垂直統合していない限り，企業間関係を前提とする。

　近年は，さらに加えて，CRMが普及しつつある。CRMは，顧客の満足のために，何をすべきか考えることからスタートする。顧客の立場から店頭を再構築する試みである。顧客の立場から見れば，企業の差異は関係なく，補完性を持った商品が適切に組み合わされることが顧客満足に繋がっていく。つまりは，これは関わる多数の組織・企業間をいかに調整するかを目的としたシステムであり，顧客満足は，企業間の調整がなくては，実現しない。つまり，現代の高度なPOSシステムが志向するQR，あるいは，CRMは双方ともに企業間関係の調整を前提とする。[36] POSシステムのユーザーたる大型流通業の店頭には，ヒエラルキーではなく，市場取引でもない，いわゆる中間組織の状態が現れる。現代の高度なPOSシステムが取り扱う情報は，企業間関係を前提とする。

　一方，取引費用による企業境界の議論への批判として，イノベーションがうまく扱えないという批判がある（武石，2003，p.168）。これに対して，知識ベースの企業の理論(knowledge-based theory of the firm)がある。[37] これは，知識を鍵として，企業の存在理由，境界のあり方を探っていく。問題は，知識の獲得の仕方と利用の仕方の違いである。分業においては，全ての知識がそれ

第6章 百貨店の店舗設計

それ分断されてしまったら分業は成立しない。逆に，全ての知識を学習によって自ら身に付けるとすれば，専門化した分業のメリットは失われる。この解決策としては，自らの分業の役割において，詳細な知識を必要としない財ついては，その財の所有権を移転させて，その成果のみを入手すればよい。ここに市場取引が成立し，企業の境界が引かれる。ただし，取引が可能な知識は形式化されていることが前提であり，暗黙知それ自体を移転することは困難である。知識だけではなく，能力，ノウハウというより広汎な概念としてLanglois and Robertson（1995）[38]はケイパビリティ（capability）という用語を使用している。

本稿が取り扱う，大規模小売店舗のマーチャンダイジングにおいても，次の二つの知識が必要になる。
(1) ある商品を売り切れることなく，売れ残ることなく提供するための知識
(2) ある商品を，誰に，どのようにして売るかに関する知識

この二つを峻別せねばならない。前者は供給のための知識であり，上流側，つまり問屋，原材料供給者，物流ロジスティックスなどに関する知識が問われる。後者は，下流側，顧客が今何を求めているか，どのような商品と組み合わせて購買するのか，といった知識である。通信販売会社等の企業では，この二つの役割を別に担当させているケースもある。

Walters（1994）は，この二軸を競争優位創出のための相対的差別化としてとらえ，一方に「生産性指導型差別化」，一方に「顧客・市場指導型差別化」を置いている（図表6-1参照）。これは，それぞれ「ある商品を，売り切れる

図表6-1 競争優位を創出する相対的差別化

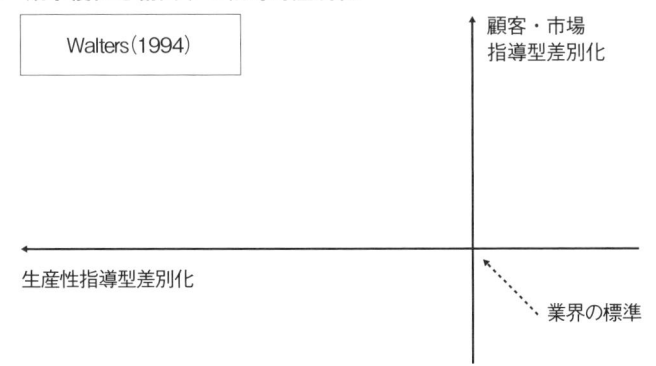

Walters(1994)

顧客・市場指導型差別化

生産性指導型差別化

業界の標準

125

ことなく,売れ残ることなく提供するための知識」(SCM),「ある商品を,誰に,どのようにして売るかに関する知識」(CRM) に対応する。

もちろん,両者の知識を両方身に付けることは不可能ではない。しかし,それには大きな費用を要する。

この知識を持って調整を行う者が,百貨店の社員である[39)]。これらの能力は,組織によって学習され,組織のケイパビリティとして蓄積される。この二つの軸をともに理解していることが,優れた調整者の条件である。そして特に,顧客・市場指導型の軸を持っていること,換言すれば,顧客の代弁者であることが,調整能力を担保する。調整には,力 (power) (Robbins, 1997) が必要である。調整のためのパワーの正当性はここからでている。

9 二軸の調整~擬似マトリックス組織

小売業では,CRM系統とSCM系統の調整が必要になる。これは,二軸の調整である。組織論では,このような,二軸以上の調整を行い,そのために二人以上の上司 (Boss, ボス) を持つ組織をマトリックス組織と呼んでいる。

マトリックス組織は,組織編成の軸を例えば,地域と商品,商品と顧客,あるいは地域・商品・顧客といったように複数軸をマトリックス的に組み合わせて編成する組織であり,多岐にわたる商品を持ち,多数の幅広い顧客に販売する場合,有効であるとされる。地域,商品,顧客のそれぞれの視点で対応することができ,多面的な情報に対応することができる。しかし,短所としては,地域担当,商品担当の複数のボスが存在し,連絡や管理が複雑になる,つまり組織内の調整費用,取引費用が増大することである。調整に要する時間が増え意思決定が遅れやすい。多くの場合,マトリックス組織の欠点である,従業員が二つの管理階層の間で板ばさみになる可能性にともなう複雑な調整を,いわゆるルーティン,企業文化その他の手段で解決し,問題の顕在化を防いでいる。また,ABBの事例[40)]がそうであるように情報技術によるナレッジの共有によってこれらの欠点を軽減しようとする試みは多い。1970年代に,マトリックス組織は,これまでのヒエラルキーの問題を解消するものとして評価された。しかし現代において,マトリックス組織の有効性に関する評価は,調整費用・取引費用が実感されることによって総じて低く

なってきたと思われる。[41]

　マトリックス組織は，通常，暗黙のうちに企業内で運用されることを前提としている。例外としては，グローバル企業において，現地企業との合弁企業等，所有権の複雑なマトリックス組織を組むことはありえる。しかし，それはグローバル企業論が常に問題とするように，複雑な調整を必要とする。

　しかし，企業がアウトソーシングを行ったときに，意図せざるマトリックス組織がそこに生まれている。これは基本的に，企業間関係であるので，複数のボスがいることは自明である。そしてこれまで見てきたように，二軸以上の調整を必要とする。

　オープン・インテグラルな企業間関係は，明文化された契約によって調整が行われるのではなく，日々，細やかな調整が行われる。オープン・インテグラル組織は，擬似マトリックス組織である。それは，当然，マトリックス組織が持っているメリット・デメリットを持っている。

　この擬似マトリックス組織が構築され，その運営に関するケイパビリティが形成された場合，それは，簡単には模倣できない。そのケイパビリティの大半は，暗黙知（野中・竹内，1996）である。その調整の主体となるのは，自動車産業においては重量級PMであった（藤本・クラーク・田村，1993，藤本，2003）。これら優れた重量級PMが，競争力の源泉であった。[42]しかし，百貨店における日々の調整を担うのは，入社5年から15年の主任・係長クラスの「軽量級」マネージャが主力である。[43]本稿では，これを軽量級顧客軸マネージャ（Light-Weight Customer-axis Manager）[44]と呼んでおく。

　当然に問題になるのは，「軽量級」であるのに，なぜ，調整が可能であるか，という疑問であるが，これは，前節でみたように，顧客・市場指導型の軸を持っていること，換言すれば，顧客の代弁者であることが，調整能力に必要な権威の源泉なのである。

　個々の部分効率ではなく，ある顧客が「買い回る」ことを想定し，その顧客が最も利便性をもって買い物ができるようにする。それは例えば，シャワー効果や噴水効果を生かした品揃えであり，カニバリズムの排除であり，バーゲンのタイミングの調整であり，テーマ・カラーを設定したビジュアル・プレゼンテーションである。全体最適を最大化するために顧客の権威を借り

て調整を行うが故に調整が正当化される。それが「軽量級」であるのに調整がなぜ可能であるかという問いの答えである。

10　個別企業のケイパビリティ

　百貨店は，ショッピングセンターと比較した場合，調整機能を担うマネージャの配置の有無という明確な差がある。しかし，当然のことながら，そのマネージャの調整能力には，巧拙がある。それは，企業固有のケイパビリティになる。そして，それが競争力の差として現れる。ここでは高島屋と伊勢丹を主たる分析の対象として，この調整能力の巧拙，すなわち擬似マトリクスを運営するケイパビリティの差を分析する。これは，業界最大手の一つ高島屋と，株価が最も高く，ROE等の経営指標がよく，さらに人材供給の面において業界を代表する存在，伊勢丹との比較である。加えて，この二つの企業は，新宿，立川において隣接し，しかも規模にさほどの差異がない店舗を持ち，戦略を比較しやすい。そして後述するが，1997年以降において，店舗運営のシステムにおいて異なる考え方を持っているからである。

　高島屋は，三越と並ぶ百貨店の老舗であり，170年以上の歴史を持つ。1831年(天保2年)に飯田新七が京都烏丸に木綿商を創業したことに始まる。いわゆる近江商人の伝統を受け継ぐ老舗企業であるが，現在は同族経営から脱皮した。高島屋の屋号は飯田家の出身地江州高島郡からとられている。事業規模の拡大とともに1909年高島屋飯田合名会社に改組，1919年株式会社高島屋呉服店となり京都店を本店とした。1930年に現在の株式会社高島屋と改称，1944年には本店を大阪に移した。出店計画が積極的で，業界が多店舗戦略をとっていなかった1959年に横浜に横浜高島屋を開店し，1964年に米子，1970年に立川と大宮，1973年に岡山と，傍系の百貨店を開業するとともに，直営店も1964年堺店，1973年和歌山店をそれぞれ出店している。また1958年日本の百貨店として初めてニューヨークに現地法人ニューヨーク高島屋を開店した。日本初のショッピングセンターとして1969年東京郊外の二子玉川に玉川高島屋ショッピングセンターを開設した。1996年には百貨店が集中する東京，新宿に〈タカシマヤタイムズスクエア〉をオープン，大きな話題を呼んだ。このような出店戦略によりブランドとしての売上げは百貨店業界第1位であ

る。

　伊勢丹は，1886年（明治19年）神田（現在の東京都千代田区外神田・秋葉原駅前）に伊勢屋丹治呉服店を創業したのがはじまりである。関東大震災後に百貨店の形式になり，1933年には新宿に現在の本店をオープンした。郊外へも出店し，立川店（東京都立川市），吉祥寺店（東京都武蔵野市），松戸店（千葉県松戸市），浦和店（埼玉県さいたま市浦和区），相模原店（神奈川県相模原市），府中店（東京都府中市）があり，関連会社の百貨店店舗は，静岡市，新潟市，京都市（JR京都伊勢丹），北九州市にある。海外は，上海，天津（中華人民共和国），高雄（台湾），バンコク（タイ），クアラルンプール（マレーシア），シンガポール，ウィーン（オーストリア）にある。売上げシェアでいえば，大きくはないが，株価が最も高く，また就職人気ランキングでは百貨店業界のなかでは常に1位，2位をキープし，また伊勢丹の出身者が他の百貨店の幹部として就任するケースが多いなど，百貨店業界のなかでは質の面で評価されている存在といえる。

　高島屋と伊勢丹は，新宿と立川では同一商圏内で直接の競合関係にあるほか，京都でも多少距離は離れているが対峙し，松戸伊勢丹と柏高島屋，浦和伊勢丹と大宮高島屋が電車で10分圏内の都市間競合を戦い，また相模原伊勢丹に対し，高島屋が出店を表明しながら後にそれを撤回するなど，各地で厳しい商戦を戦っている。

　特に，新宿，立川では，近接してほぼ同一規模の店舗を構える競合関係にある。

　しかし，新宿，立川ともに伊勢丹の方が好成績である。業界上位の企業が，売上げで劣位の企業と競合して勝てない。これはなぜかを分析することによって，両者のケイパビリティ，特に擬似マトリックス組織を運営する能力の差異を見てみたい。

11　立川のケース

　立川市は，東京都中部にあり，立川駅を中心にした鉄道網も整備され，交通の拠点である。立川駅周辺はデパートや商店が密集する三多摩地方の商業中心地である。

立川高島屋は，当初の店舗は1970年のオープンである。現在の店舗は1996年3月，JR立川駅北の再開発ビル「ファーレ立川」の核テナントとして増床移転オープンした。店舗面積は3万2,000㎡である。「団塊の世代とそのファミリー，ヤングキャリアをターゲットとしたフルライン・フルアイテムの都市型百貨店」を目指した。特徴的なのは効率的なオペレーションを目指して，催事場を従来の常識に比して小さくし，食料品売場に集中レジとセルフ方式を採用し，8階にラオックス，書籍，美容関連の「専門店」を導入したことである。

移転前の立川高島屋と比べ，面積は約2倍となり，売上げで80億円の増加を予定したが，催事の削減，集中レジ，テナントの導入に加え，消化仕入れの思い切った導入，社員販売の削減，派遣社員の大幅増を行い，移転前と同様の社員数での営業を目指した。これはフォーレの家賃が高く，思い切った人件費の削減なしには黒字化の達成が危ぶまれたからである。当時，高島屋の売上高人件費率は10％が一つの目処であり，実態は12％程であったが，立川高島屋は7％を目指して，相対的なオペレーションの効率化を目指した。立川高島屋は面積増前と同様の人員数，社員200名体制で，3万平米をオペレーションする営業を目指した。

当然，様々な工夫によって要員の削減を行ったが，催事場の縮小，地下食料品売場のセルフサービス化だけでこのような規模の人件費削減ができるわけはなかった。要員削減の大半は，①営業部社員の減少と派遣社員の大幅増加，②「専門店」の導入，が主たる対応策であった。これは，顧客軸によって調整を担うマネージャの配置の減少を意味する。従来，フロア（一つの階）に対して4人程度のマネージャが配属されていたものが，立川店については，2人の配属になった。また，「専門店」においては，日々の調整を行うマネージャは配置されなかった。

結果，立川高島屋は予想以上の売上げを達成することになる。年間売上高300億円を予定していたが，初年度通期350億円を達成した。これは，ルイ・ヴィトン，ディズニーストアをはじめとする高級・差別化テナントを，三多摩地方初として集積したことの寄与が大きい。当時の近藤直躬店長はこれまで新宿に行っていた消費者が立川でも十分用が足りるようになり，ある程度

消費の流失が防げたとその好調要因を分析している[46]。

　1997年には，駅ビルルミネの増床をともなうリニューアルがあり，また新宿高島屋の開業にともなう地域間競合の激化が懸念されたが，立川高島屋の売上げは，引き続き好調であった。

　一方，立川伊勢丹は1970年に開店した伊勢丹の支店一号店である。2001年に移転増床したが，開店当時は，現在ビッグカメラの店舗のある場所で営業していた。面積は，1万3,000㎡と，移転増床時の立川高島屋の半分以下であり，その結果苦戦を強いられる。立川高島屋の移転増床の結果，立川伊勢丹の売上げは前年の90％近くまで減少した。

　しかし，伊勢丹は，1998年，移転増床計画を発表する。それは，当時の3倍の面積増，立川高島屋を一回り上回る3万7,000㎡への増床であった。1999年にはJRと阪急百貨店が合同で開発した専門店ビル「グランディオ」（面積約2万9,000㎡）の開業もあり，ますます競争は激化する。これに対し高島屋は楠原康男店長のもと約5億5,000万円を投じてリニューアルを行った。2000年には，ルイ・ヴィトンの面積を1.6倍にし，ロエペを移転改装するなどの手直しも行っている。同年には，多摩地区を南北に結ぶ，多摩都市モノレールが開業した。

　そして，2001年1月，伊勢丹の移転増床を行った新店舗が開業する。社員数は約250名，売上げ目標は年間350億円であった[47]。結果は初年度で385億円を達成した。対して，高島屋は全盛期の352億円から，312億円へと減少し，現在では300億円を下回るなど大きな影響を蒙り，赤字店舗に転落している。

　この立川における高島屋，伊勢丹の競合は，まず，現在の百貨店が持つ競争優位の脆弱性を示している。1996年の高島屋の新規店舗開店では，大きな売上げを計上した。これは，ルイ・ヴィトン等の高級・差別化テナントというサブ・システムを導入したことによって高級感をつくり出し，これまで新宿に行っていた近隣の消費者を満足させたためである。高島屋には，ルイ・ヴィトンをはじめ，ロエベ，エトロ，グッチ，フェンディ，などが集積されている。しかし，2001年に，同様に伊勢丹が，プラダ，フェラガモ，カルティエ等を擁して増床開店すると，たちまちその優位は失われた。現在でも，高島屋の個々の特選ブランドは堅調ではあるが，その集客力が店舗全体を潤

すことはなくなっている。

　東京に消費者を流出させない高級感を持ったマーチャンダイジングの実現のためには，これらのテナントの導入が不可欠であった。これらの特選ブランドを自社内で創り出すことは不可能に近い。これら特選ブランドは，販売を含めた独立したサブ・システムであり，買い取って自主的に販売することはできない。しかし，そのサブ・システムの導入は容易であり，持続的な競争優位の源泉にはならなかった。

　さらに，これは，ほぼ同等の店舗面積では，高島屋は伊勢丹に勝てない，という事例でもある。駅からの距離は伊勢丹のほうが近い，店舗の面積で伊勢丹が若干上回るという要素はあるが，逆に高島屋には，前述の特選ブランドの集積に加え，特にカードの開拓を熱心に行い顧客の固定化をはかってきた先行者優位があった。しかし，現在では売上げに大きな差異がある。ここには，何らかのケイパビリティの差が存在する。

　では，そのケイパビリティの差は何か。

　さらに，同様に，新宿における伊勢丹，高島屋の競合を見てみたい。

12　新宿のケース

　新宿は，日本を代表する街であり，商業集積においても日本を代表し，日本全体はおろか中国，韓国をはじめアジア一円から購買客が訪れる場所である。

　江戸時代は，江戸の区域から外れていたいわば郊外の宿場町であった。関東大震災以後，東京西郊の都市化が急速に進んだが，さらに昭和に入って小田急，京王，西武などの私鉄が集中したため，新宿は都内有数の繁華街に成長した。駅周辺には三越新宿店，伊勢丹などのデパートが戦前に開店している。戦後の混乱期を経て1952年には西武新宿駅がつくられ，地下鉄では営団丸ノ内線，都営新宿線（京王新線）が開通し，1975年には巨大な地下街サブナードも誕生した。駅の西口もオフィス街へと変化し始め，特に新宿副都心建設計画により新宿駅西口にホテルなど30階をこす超高層ビル群が建ち並び，1991年には東京都庁新庁舎が完成し，東京駅周辺，日本橋地区から，東京の中心が名実ともに新宿に移ったことを象徴した。

　新宿伊勢丹は，1933年にオープンした。高島屋が新宿出店を開始した1996

第6章　百貨店の店舗設計

年当時の店舗面積は，6万2,000㎡，売上げは年間2,549億円である。「ファッションの伊勢丹」として社内外に認められる存在であり，現在では単独店舗の売上げとしては，業界5位程度ではあるが面積効率では業界1位，2位を争う存在である。また，婦人服，雑貨を中心にファッション雑誌を飾ることが多いファッション情報の「発信基地」でもある。[48]

　高島屋の新宿出店が発表された当時，伊勢丹は就任したばかりの小柴社長，市川昭司店長のもと「本業回帰」をベースに高島屋出店の対策を練る。高島屋の出店により，売上げが18％減少するという予測のもとに，販管費の圧縮を行った。しかし，マーチャダイジング上の戦略として，「オンリーアイ」「解放区」の導入と深化，平場の拡大を行う。「オンリーアイ（I）」「解放区」とは，伊勢丹のプライベート・ブランドの名称である。通常のプライベート・ブランド（private brand：PB）は，小売業が自ら企画した商品に独自に付与する商標である。チェーン化し，規模の利益を追求する大規模小売業が価格訴求を行うものが多い。百貨店においては差別化などのために，ほかのメーカーに自社の仕様でつくらせたり自社の工場で作ったりするPBがある。他のテナントやブランドと同列に，平場で販売されるほか，PBだけでイン・ショップを形成する場合もある。独自で企画したものだけではなく，海外ブランドの日本での販売権を獲得し，自社もしくは限定した契約店舗でのみ販売する場合もPBに含める場合もある。[49]

　PBの範疇に分類される伊勢丹の「オンリーアイ」は，非常にユニークな存在である。なぜならば，PBでありながら，ブランドが持つテナントのなかでも売られるからである。NBであり，なおかつPBという存在である。例えば，ワコールというブランドは，全国の百貨店，ショピングセンターで購買できる。しかし，伊勢丹では「顧客軸マネージャ」たるバイヤーのアイデアが加わって，オンリーアイの表示がそれに付加されて販売される。ワコール・オンリーアイは，伊勢丹でしか買えない商品であり，顧客軸の分析を通じた「ファッションの伊勢丹ならではのノウハウ」がそこに付加されている。「伊勢丹ならではのオリジナル商品オンリー・アイは1993（平成5）年に誕生。オンリーアイは，お客さまの声から生まれた伊勢丹でしか買えない商品であることが基準」（伊勢丹ホームページ）。顧客の声を反映させてつくり出す商品企画に，よりファ

133

ッション性，トレンド要素を入れ込むというコンセプトである。近年では，インターネットなどを通じて，顧客要望を広く聞くとともに，伊勢丹と共同で商品開発する製造元を広く募集するなどの取り組みを行っている。

　一般に，各企業が新しく自ら企画した特異性のあるオリジナル商品を開発するのは差別化のためによく使われる方法である。オリジナル商品は，小売業がそのマーチャンダイジングに特異性を際だたせるために独自に開発した商品や，独自の仕入れ先から調達した商品をいうことが多い。プライベート・ブランド品の多くは，オリジナル商品に該当する。しかし，百貨店のそれは，ナショナル・ブランドに比して，あるいはGMSのプライベート・ブランドに比して，ロットが少ない。したがって規模の経済が働かず，コストが上がる。GMSのPBのように，価格訴求を行うには，コスト構造としては厳しい。[50]

　プライベート・ブランド品生産は一種の垂直的統合（vertical integration）であり，生産工程の前後にある分野の産業の統合である。また当然，他の百貨店やショッピングセンターでは取り扱わせない，という契約になるので，返品ができない。2章で見た返品の経済的合理性が働かない。安易なプライベート・ブランドの導入は，膨大な不良在庫をかかえることになり百貨店の経営を圧迫する。

　その困難な条件のなかで，オンリーアイは健闘している。これは，「ファッションの伊勢丹」という言葉に象徴される模倣の難しい能力を発揮している結果である。他の百貨店では，製造元のデザイナーのプライドを動かすことは難しい。そして小ロットであるから，コストを押さえることは不可能である。ところがオンリーアイは，製造元にとって貴重な実験の機会を提供している。それは，伊勢丹の優れた顧客軸マネージャが提案するノウハウであり，直接模倣はできなくとも他の商品へフィードバッグができる可能性である。したがって，製造元に，コストを原価に添加せず，自社内で吸収するインセンティブが生まれる。それは，「ファッションの伊勢丹」という名声があるが故に，製造元のデザイナーを動かすことが可能であるからである。高島屋も「T-OWN」[51]なる商標でこの方法を模倣したが失敗に終わった。

　解放区は，若いデザイナーを選択し，登竜門として伊勢丹が育てる試みであった。伊勢丹新宿店の1階という場所を提供し，若い無名のデザイナーに

チャンスを提供した。これもファッションの伊勢丹の名声をさらに高めた。逆にファッションの伊勢丹にしかできない企画であったといえる。担当のバイヤーであった藤巻幸夫は,「カリスマ」としての定評を確立し,伊勢丹退社後は,キタムラを経て,福助株式会社の代表取締役社長に就任し同社の再建を担った。さらに藤巻はイトーヨーカ堂の設立した「IYG生活デザイン研究所」の社長に招聘された。これはイトーヨーカドーグループの商品デザインやブランド戦略を担う。デザインや販売方法を根底から見直し,販売不振が続いている総合スーパーの衣料部門のてこ入れが目的であった。このような顧客軸マネージャに人材を持ち,育てているところに伊勢丹の強みがある。この藤巻の事例だけではなく,伊勢丹出身で,他の百貨店幹部になった例は,小田急本店店長,松屋副社長（佐野和義氏）など枚挙にいとまがない。[52]

　もう一つ,注目すべき戦略として「平場」の拡大があげられる。

　かつては,百貨店の売場は平場が中心だったが,1985年以降,百貨店の高級化の流れのなかでイン・ショップが増加している。高級感を演出するブランドには,通路からの入口を除いた三方が壁で仕切られ,商品,販売員,包装,什器から床,天井といった内装までトータルに演出する独立したサブ・システムであるイン・ショップが相応しい。対して複数のブランドを横壁の仕切りを付けずに展開する平場は縮小される傾向にあった。しかし,高島屋を迎え撃つために,伊勢丹はあえて平場の拡大を志向する。

　これは,サブ・システムたるテナント,ブランドを導入するという志向の強い,1985年以降の百貨店の流れのなかでは,異質な決定であった。

　97年から,新三カ年計画フェーズⅡを「毎日が新しいファッションの伊勢丹」というキャッチフレーズのもと,顧客をクレジットカードのアイカードの購買データをもとに分類・分析している。ファッションに関していえば,2001年にも売上げの60％をアイカードの顧客が占め,これを精緻に分析できる環境が整った。

　また,伊勢丹では,"不良在庫"と"機会損失"の低減を目指し,BPR（ビジネス・プロセス・リエンジニアリング）というシステムを稼動させ,ユニット・ショップにもこのシステムを導入し,品切れを防止する対策を行っている。

　対して高島屋の戦略を見てみたい。

高島屋にとって新宿出店は，40年来の「悲願」であった。現在の新宿マイシティの位置に高島屋出店という計画が1960年代にありながら断念した経緯があったからである。また，本店たる日本橋店が，日本橋界隈の商業集積の減少，東京都庁移転に象徴される東京の西側地区へ昼間人口の重心移動もあり，長期的な不振に見舞われるなか，新たな基幹店が必要な状況であった。この投資総額は1,600億円と大きな出店であった。

　当初，百貨店部分が7万㎡，専門店が1万6,500㎡と発表されていたが，後に修正されて，百貨店部分が5万5,000㎡に縮小され，その面積に，東急ハンズ（9,083㎡）を主とするテナントを導入することとなった。百貨店は1990年代以降，ファッション・雑貨に注力し，リビング・文具等のマーチャンダイジング能力が相対的に弱くなっていた。その弱い部分を，東急ハンズという大きな「サブ・システム」を導入することによって解消をはかる戦略であった。その他にもセガ・エンタープライズ，アイマックスシアター，紀伊国屋書店などのテナントを導入した。

　1996年10月にJR新宿駅の新南口に高島屋新宿店を中心としたタカシマヤタイムズスクエアが開店，駅周辺の伊勢丹，小田急，京王，三越などとの集客競争が始まった。そのオペレーションとしては，1996年春に開業し，当時は大きな集客・売上げを誇っていた立川高島屋の考え方を踏襲する。すなわち，集中レジ，テナントの導入に加え，消化仕入れの思い切った導入，社員販売員の削減，派遣社員の大幅増を行った。立川高島屋同様に新宿店は家賃が高く，思い切った人件費の削減なしには黒字化の達成が危ぶまれたからである。ここでも要員の圧縮の大半は，①営業部社員の削減と派遣社員の大幅増加，②「専門店」の導入，が主たる対応であった。そして，多くの社員の手を必要とする平場を縮小した。これもまた，マネージャの配置の減少を意味する。また，当時から本稿でいう顧客軸による調整を担うバイヤー職は店舗から離れて，関東の店舗を全て等しく担当する事業本部制度となり，店舗でのきめ細かな調整は不可能になっている。

　開店当初は，その話題性もあって，大きな売上げを達成した。初年度売上げ目標800億円に対し，836億円を計上，東急ハンズも目標100億円に対し130億円を達成した。一方伊勢丹は，影響を蒙るどころか，2,635億円を計上し，

前年比1.9%の増であった。売上げが減少したのは，三越，小田急などの新宿地区の他の店舗及び，池袋，銀座などの他の地区であった。

　しかし，1998年度には売上げは伸びず，753億円にとどまった。百貨店は通常，1年目より2年目，さらに3年目のほうが売上げは伸びる。これは固定顧客が付くことと，細かなマーチャンダイジングの調整を行って，効率が向上するから，といわれている。しかし，新宿高島屋に関していえば，初年度に「新宿百貨店戦争」などと新聞，テレビ等に大きく取り上げられ，話題となった反動という見方もできる。一方で，テナント，ブランドに依存し平場が少なく，マネージャの数も少なく，バイヤーによる調整も相対的に少なく，マーチャンダイジングの調整が少なかったことも事実である。テナントの大規模な導入は，第7章でみるSCの業態に，新宿高島屋の店舗戦略が近づいていったことを意味する。これは，SCの持つ欠点，すなわち，面積の効率を最大限には発揮できないということでもある。

　1998年春には，JR線路を挟むサザンテラス，横断橋が完成し，西口からの集客が可能になった。これは西口の高層ビル街からの通勤帰りの顧客の流入を意味する。しかし，日本橋店より若い顧客を狙ったマーチャンダイジング，社員を思い切って削ったことによるサービスの低下のせいで，従来の高島屋の顧客，特に世田谷周辺に居住する外商部の顧客，高額所得者が新宿高島屋を支持しなかった。また，東急ハンズ，セガ・エンタープライズ，アイマックスシアター，紀伊国屋書店などの顧客は，新宿高島屋の顧客とは異なる顧客層であり，これらのサブ・システムの集客が，売上げには寄与しなかった。そして，SC部門に関しては，詳細な調整はできない。SC事業部という管理組織は設置されているが，本稿でいう顧客軸マネージャに相当する機能はない。それが響き，SC部分を含む店舗面積では，伊勢丹を圧倒しながら，百貨店部分の売上げでは，伊勢丹の半分にも満たない。2001年，全館規模のリニューアルを敢行し，マーチャンダイジングをヤング・キャリア層からミセス層にターゲットを変更する。また，2003年より，「サウスクラブカード」を発行して顧客情報収集，伊勢丹アイカードへの対抗策を打ち出す。

　しかしながら，現在も売上げは低迷し，高島屋のなかで最も苦戦する店舗という地位を占めている。

13　店舗戦略の差異

　店舗の設置者と販売者をアンバンドリングした現代の百貨店においては，その店舗設計はショッピングセンターのそれに接近しつつある。1985年以降の百貨店高級化の流れのなかで，高級なテナント，ブランドを集積し，百貨店は相対的に平場を削ってきた。その結果，売場には，「ハコ」といわれる各ショップ，ブランドが壁を立てて，そのサブ・システムのなかでマーチャンダイジングが行われる。そこには，顧客軸に基づいた，季節ごとの，または他のフロアや売場との関係，開催されるイベントとの関連を考慮したマーチャンダイジングを巡る調整は行えない。そして，百貨店社員，マネージャの必然性は薄くなる。

　この流れを受けて，現場の顧客マネージャの大幅な削減が行われてきた。特に，立川高島屋の一時の成功というインパクトが高島屋にはその店舗設計の雛形となり，そして新宿高島屋の初年度の「成功」が，その流れを百貨店業界全体の流れとした。その後の多くのリニューアル，新規店舗の開店は，多く，この店舗設計，「サブ・システムの集積，現場マネージャの大幅削減」を行っている。そごう，西武の各店舗，大丸の各店舗，特に札幌店などがこの流れを象徴している。これらの店舗は，現在は成功の部類にあると評価されている。そごう，西武のミレニアム・グループは，予定以上の早い再建を果たし，大丸の経営は，松坂屋に移植されつつある。

　高島屋の立川店，新宿店も開店当初は，成功し，業績をあげていた。しかし，競合が厳しくなったとき，細かい調整ができない「サブ・システムの集積，マネージャの大幅削減」の店舗設計は，調整能力というケイパビリティを持つ店舗に敗れ去った。

　伊勢丹はそのケイパビリティをさらに蓄積しようとしている。

　その事例として，伊勢丹新宿店別館のリニューアルを取り上げてみる。伊勢丹本店では別館形式で運営している通称「男の新館」を2003年9月10日に全面改装し，2003年月10日，呼称も「メンズ館」と改め，リニューアル・オープンした。これは非常に大規模なリニューアルである。

　伊勢丹報道資料によれば，「男のこだわり，世界レベルのファッションにも

力を入れ，同質化の進んだ百貨店の紳士服のレベルを超えて，圧倒的な存在感を示すことのできるMDの構築を追求，ファッションに関心が高く，こだわりを持つ男性のお客さまが自ら来店され，お買物を心から楽しんでいただける店を目指して，常に顧客起点でものごとをとらえ，マーチャンダイジング・環境・サービス全てにおいて，世界最高レベルのものを提案」する店舗を目指して店舗設計が行われた。このリニューアルに対しBEST STORE OF THE YEARが与えられている。[53)] その審査コメントは『世界トップレベルのデザイナブランドを集積し，伊勢丹独自の編集ショップを設置するなど，「ファッションの伊勢丹」に相応しい店舗である。外装やファサード（玄関廻り）も全面改装し，上質・上品な風格ある店舗となった。内装は，「ネオアールデコスタイル」を環境テーマに店内の統一感をはかった』という。

　重要なのは，「店内の統一感」の文字である。[54)] 多くの百貨店が行ってきた，サブ・システムの集積という流れは，伊勢丹においても同様である。しかし，伊勢丹は伊勢丹の「統一感」のもとに，ブランド，テナントがそのブランド・イメージを守るために使用していた壁を取り払う。壁は，他のブランドとのイメージの混ざり合いを防止するために他のブランドとの境界に立てられていた。これによって，サブ・システムはハコ，というカプセルとなり，独自の世界を構築することができる。反面，細かなマーチャンダイジング調整が行えなくなっていた。伊勢丹は，2003年9月の別館リニューアルにおいて，サブ・システムの集積，高級感のあるブランド，テナントの集積という構造はそのままに，そのカプセル構造を破った。優れた顧客マネージャのもとに，季節単位，月単位，週単位で，全館レベルでマーチャンダイジングの調整を行う方向である。伊勢丹では，通常2週間を単位としてテーマカラーを選定する。そして，マネキン，ビジュアル・スペースなどの商品を一斉にそのテーマカラーに基づく商品に入れ替える。これは，百貨店売上げを担う得意客は2週に1回程度は来店しているからであり，その顧客に対し，常に新鮮な感覚を与えるためである。しかし，カプセル化された売場で，調整を担うマネージャの密度が薄ければ，そのテーマカラーは，テナントには受け入れられない。テナントには自社のボスが存在し，伊勢丹に関わりのないところで，季節の，イベントのマーチャンダイジング計画があるからである。

伊勢丹の別館においては，その壁がない，全館統一のテーマを演出できる環境を整備した。これを可能にしたのが伊勢丹のケイパビリティであり，その根源が，優れたマネージャを育成し，その調整を可能にする環境を整えてきた戦略であった。

　伊勢丹は，この「サブ・システムを集積しながら脱カプセル化」という店舗設計を，メンズ館だけではなく，全社に押し広げようとしている。2003年6月には，これをブランド横断型として，パンツ・ステーション，下着売場に導入した。また，ブランド名をあえて隠す手法を導入し，サブ・システムを導入しながらの脱カプセル化の方向を深化させている。[55]

　対して，高島屋は，2004年，購買本部を設置し，「購買管理手法」なる管理方式を導入した。これは売場のマーチャンダイジングを，一つか二つの取引先に逐次契約方式で依頼する方法であり，取引先，ブランドを絞り込むことで規模の経済により，高い商品利益率を得ようとするものである。脱カプセル化を顧客マネージャに担わせて調整を行う伊勢丹の店舗設計とはまったく逆の戦略を導入することとなった。これは，売場単位で，アウトソーシングを逐次契約によって行う方向である。この結果が成功となるか否かは，もちろん，これからのことであるが，短期的には成功しても模倣が簡単であり，競合に弱いということは指摘しておきたい。

　伊勢丹のケイパビリティは，店舗の設置者と販売者をアンバンドリングし，高級なテナント，ブランドを集積しながら，例えば高島屋と比較しても密度の濃いマネージャ，バイヤーを設置し，さらにアイカードの提供する顧客情報をもとに，積極的な調整を行う能力にある。サブ・システムを導入し，その「ある商品を，売り切れることなく，売れ残ることなく提供するための知識」を十分に活用しながら，顧客軸に基づいた季節ごとの，または他のフロアや売場との関係，開催されるイベントとの関連を考慮したマーチャンダイジングを巡る調整を行う。これが，「ある商品を，誰に，どのようにして売るかに関する知識」である。この二軸をともに調整できる擬似マトリックスの調整のケイパビリティが，業界最大手でありながら現在の高島屋には乏しく，伊勢丹にはさらに蓄積されつつある。

第6章　百貨店の店舗設計

【第6章注釈】
1) 例えば，Hammer, Michael（2001），*The Agenda*．（邦訳：福嶋俊造訳（2002）『カスタマーエコノミー革命　顧客中心の経済がはじまった』ダイヤモンド社）
2) ユニクロの一時の成功がその例外である。
3) 特に商品回転率。
4) 製品差別化（product differentiation）は製品分化ともいい，製品戦略やマーケティング戦略の一環として展開される。使用価値やイメージの面で，自社製品と競合他社製品との相違を強調し，競争優位を確保する戦略をさす。これが達成できれば，そのニッチ市場では一時的な独占が達成され，利潤が得られる。
5) 製造業においては，企業が提供する製品を，製品ライン，あるいは製品ミックスと呼んでカテゴリー化し，顧客の欲求にあわせて，その構成が適正であるかを収益，売上げ，成長などの企業目標との整合性という観点から判断していく。それにより，製品の改良，あるいは廃番，また新製品の投入の意思決定を行っていく。
6) 価値観などの心理面も含めてクラスター分析をすることが多い。
7) 企業の行う全てのマーケティング活動を計画，実施，統制することである。目標を定め，目標達成までの手順と手段である実施計画を作成し，次にそれを実施し，さらに計画にそって実施結果を統制する。
8) 企業の販売している製品の構成ないし製品群の総体（集合・組合せ）をさす。
9) 大手百貨店で1万社前後と推計される。T社はPOSシステムの取引先コードが4桁あり（ただし店・商品部門単位単位で独自付与も可能），各店舗で地場の会社を取引先にするケースや，取り寄せ商品（顧客からの注文のみを取り扱うケース）なども含めた場合，もっと増える可能性がある。
10) 例えば，高島屋新宿店は，開店より10年以上過ぎた今でも黒字化していないといわれる。
11) 例えば，三越日本橋本店新・新館は，建物概要が地下4階‐地上13階（うち店舗部分は地下2階‐地上10階），総売場面積1万7,309㎡で，総工事費が概算130億円，売上げ目標は250億円（オープン後1年間，「新・新館」部分のみ）となっている（出所：三越報道資料2003年）。
12) 1991年に達成。川口そごう（埼玉県川口市）の開店で30店舗となった。
13) これは，いわゆるディスカウント・ストアとの競合関係によるとされる。ディスカウント・ストアは，別名，カテゴリー・キラーと呼ばれるが，文字通り，電器用品，書籍，家具等を百貨店の構成から消していった。1990年代は，青山商事をはじめとするスーツのディスカウント・ストアの進出があった時期である。
14) 海外のメーカーのブランドを日本の製造メーカー，商社等が契約に基づき販売していることが多い。この契約をライセンスと呼んでいるが，その契約が更新されないがために廃止になるブランドも多い。
15) ㈱高島屋のケース。「営業推進会議」などの名称で，店長，商品部長，バイヤー（マーチャンダイザー）が出席する社内会議で決定される。その会議の前に，バイヤーは，取引先と各種調整を行う。

16) ヴィジュアル・プレゼンテーション・スペース。エスカレータ前，エレベータ付近のマネキン等を使用したディスプレイ・スペース。
17) 百貨店には，現在定休日という概念は存在しないが，かつての定休日にあたる曜日の前日にこの売場の入れ替えが行われる。例えば，高島屋においては，水曜日が定休日であったために，前日，火曜日に売場の商品を入れ替える。水曜日からはじまり火曜日で終わるのが一週間である。この週の単位で，各種のセールや季節のイベントが行われる。また，新聞，折り込み等の広告もそれと連動する。
18) アメリカの名門百貨店「ブルーミングデール」でも商品の入れ替えは年に6回だが，対して，大丸では基本的に2週間に1回あるというエピソードがある（松岡，2000，p.59）。
19) 管理職ではない販売員。新入社員から概ね30歳前後まで。
20) さらに，育児と仕事を両立させている販売員にとっては，その間にコンフリクトが常に発生する。その調整に失敗すれば優れた販売員の退社を招く。
21) 経済産業省商業統計（平成14年）によれば，百貨店は正社員約8万人を雇用しているのに対し，派遣その他というかたちで約20万人が働いていると推計される。
22) 例えば，浅羽茂・新田都志子（2004）『ビジネスシステムレボリューション 小売業は進化する』NTT出版，p.190 を参照。
23) 渡辺達朗（1997）『流通チャネル関係の動態分析』千倉書房。
24) 陶山計介・宮崎昭・藤本寿良（2002）『マーケティング・ネットワーク論—ビジネスモデルから社会モデルへ』有斐閣。
25) 「公」という定義にもよるが，公式の会議で双方が顔を合わせる機会は，一年を通してもほぼ無いか数回。準公式的なものとして，「展示会」と呼ばれる半年に1回の頻度で行われるものがあるが，ここでも概ね挨拶程度。他は，現場レベルでの非公式な交渉で調整が行われる。そこには，ほとんど文書は介在しない。
26) 特に，高島屋においては，日々の調整を担う販売部と，ブランドのスイッチング，仕入条件や量を決定するバイヤー部門が完全に分離されている。
27) ポーターは，地域の競争優位に関し，クラスターという議論を展開している。これは，ある特定の分野に属し，相互に関連した，企業と機関からなる地理的に近接した集団であり，共通性や補完性によって結ばれている。ポーターの議論は，一つの都市にとどまらず，都市間や国家にこのクラスターを拡大する。逆に，この議論を縮小する方向もありえる。大型流通業の店頭は，大きなものでは従業員が1万人弱，来店者は1日に20万人（昼間人口に当たる）であり，規模からいえば，一つの街に準じるものとして分析される資格はあるだろう。
28) デベロッパー側の責任が明確な場合は除く。デベロッパー側の責任は，彼らが設置した施設にかかわるものなどが中心であり，商品や接客態度など，頻度が多いクレームには対応しないことが多い。
29) さらにバッテリーの容量なども考えられる。
30) 経験的にはこの言葉が存在するが，実証が難しいために，学術的に取り上げられるこ

とは少なかった。筆者はデータベースを使用してこれを測定する方法を日本商業学会で発表した。
31) 例えば，子供ぬいぐるみショー，華道等の展示会などは無料のケースが多い。また，有料であっても，主催者側に全て入場料収入が入り，百貨店側には収入にならないケースも多い。
32) 他の期間は全国の百貨店を1週間単位で巡回しているブランドも多く存在する。
33) 中元商戦は6, 7月。歳暮商戦は11, 12月。地方によって差がある。
34) 季節の衣料品を，通常2割程度値下げをして処分する。
35) メーカー主導のマス・マーケティング，または，市場飽和期にきた先進国のマーケティングに警鐘をならす新しい概念の一つともいえる。論者によって，名称及びその概念は様々であるが，和田充夫（1998）によれば，従来の「量のマーケティング」，すなわち，標準化された商品をより安いコストでより多くの人々に普及させることが，社会の成熟化，多様化によって限界に達したため，「質のマーケティング」が求められるようになり，従来のマーケティングの見直しが必要になったとされる。Peppers and Rogers（1997）によれば，顧客との関係性を前提としたリレーションシップ・マーケティングを情報テクノロジーで武装することにより，顧客一人一人を把握し，個別の仕様に従ってカスタマイズ（個客化）した製品・サービスの提供が可能になったとする。P. Kotler（2000）は，21世紀に向けて，顧客に対する知識や顧客との関係を構築する技術を高め，「旧来のマーケティング発想は，今やより新しい発想に道を譲りつつある」として，データベース・マーケティングが時代の主流になると論じている。

低成長が続く日本の小売業では，データベース・マーケティングに取り組む企業が増えている。特に日本においては，オーバーストアによる競争の激化と，少子化によりマーケット自体の拡大は望めないという認識から，顧客の維持に関する関心が高まっている。
36) POSシステムは，小売業のなかだけの閉じたシステムとしては存在し得ず，流通業界さらには情報サービス業界とのネットワークのなかでとらえなおさねばならない。西岡（1993）を参照。
37) 丹沢安治（2004）「現代企業組織のダイナミズムと知識ベースの企業理論」，池田正純編『現代企業組織のダイナミズム』専修大学出版会。
38) Langlois, Richard N. and Paul L. Robertson（1995），*Firms, Markets and Economic Change : A Dynamic Theory of Business Institutions.*（邦訳：谷口和弘訳（2004）『企業制度の理論 ケイパビリティ・取引費用・組織境界』NTT出版）
39) 百貨店には単に暖簾・ブランド価値だけではなく，百貨店経営の高度なノウハウがある。1955年東急は白木屋を買収することによりそれを吸収した（林昇一・寺東寛治（1980）『現代サービス産業の戦略 産業流転の演出者』同友館，pp.98-100）。
40) Crainer, S.（1999），*The 75 Greatest Management Decisions Ever Made and 21 of the Worst.*（邦訳：有賀裕子訳（2003）『マネジメントの英断』東洋経済新報社，pp.148-152）
41) 沼上幹（2004）『組織デザイン』日本経済新聞社，pp.260-264。

42) 藤本隆宏（2003）『能力構築競争』中央公論新社，pp.195-199。
43) ここで培った能力を持って，課長・次長へと昇進し，バイヤー，マーチャンダイザーとして，月・季節・年単位の調整を担う。
44) 実際の百貨店での職名とは異なる。実際の職名では，販売の係長級課長級の責任者を「マネージャ」，仕入れの係長級課長級責任者を「バイヤー」と呼称することが多い。
45) 正式には，高島屋の「高」の字は，いわゆる「髙（はしごだか）」であるが，フォントの制約により，通常の高の字で表記する。
46) 高島屋の商圏分析でも特に，八王子地区からの集客の増加が顕著であった。この発言は，『ストアーズレポート』1996年5月，p.131。
47) 正社員250名と有期雇用の契約社員80名。さらにパート社員が約400名。
48) 業界1位を争っているのは西武池袋店であるが，チケット類などサービス商品の割合が高く全体の約3％を占める（伊勢丹は0.6％）。このことから，モノを売るということに関していえば，新宿伊勢丹が実質1位といえる。
49) 対して，ナショナル・ブランド（national brand：NB）は，全国的に広告され販売されているという意味合いから，メーカーが小売業者を限定せずに販売するものである。
50) しかし「自主企画」のもとに推進され，失敗するケースも多い。そごうの経営不振時には店舗の整理とともにこれらPBの整理が経営の大きな課題であった。これは，顧客から見れば，知名度やブランド価値としてはNBに劣る。そのために，規模の経済が働かないにも拘わらず，価格訴求を行うケースが多い。製造コストを下げるために，無理な発注を行い，不良在庫になることが多いのは，こうした構造上の無理があるからである。これらは，「百貨店不振の原因は，返品制度にあり，自主販売を行わなければ百貨店は不振から脱却できない」とする本稿が批判するミスリードの帰結でもある。
51) 2008年現在で，このブランドは消えている。
52) しかし，藤巻は後に，IYグループを退社，小田急からも伊勢丹出身の役員は退職した。これらはケイパビリティの移転の難しさを示していると思われる。
53) 2003年度においては，この賞に，日本を代表する百貨店，伊勢丹の大規模なリニューアルと，本稿でいうショッピングセンターに分類される「六本木ヒルズ」がともに入賞している。また，この二つの店舗はこの賞の審査過程において，ともに全審査員から票を得ており，この年に注目を集めた店舗であったことを示している。また，同一の審査基準の結果を比較することによって，本稿でいうショッピングセンターとの相違が理解できるだろう。
54) 対して，同じ賞を受けた六本木ヒルズについては，「六本木ヒルズは多くの施設から構成されているが，街全体に広がる商業施設を例にあげると，様々なテイストを持ったハイクオリティで"オンリー・ワン"をコンセプトとするファッションアイテムや雑貨，飲食，サービス店舗が約210店舗集積しており，あらゆる生活シーンやニーズに応じて楽しむことができることが特徴である」とのコメントであった。伊勢丹の統一感に対し，現代的なSCの「様々なテイスト」の集積は，好対照を成している。
55) 『日経MJ』2004年10月4日付。

第7章
ショッピングセンター(SC)の問題

1 ショッピングセンターとは何か

　ショッピングセンター (Shopping Centre：SC) とは，デベロッパーと呼ばれる一つの経営体が中心になって計画，開発した建物に，テナントと呼ばれる小売店，飲食店，サービス施設が入り，地域の生活者に多種多様な商品，サービスを提供する商業施設のことである。SCは，全小売業の総売上高に対し約2割を占め，百貨店の約7％，スーパーの約9％より大きなシェアを持っている[1]。そして，この10年で大きくシェアを伸張させ，流通業のなかでも大きな成長を遂げている業態である。SCの店舗数，売場面積，売上高は大幅に伸長している。

　2008年も，9月までに42のSCが新規に開店している。今も成長している業態といえる。

　しかし，これだけSCが伸長しながら，なぜ全国に展開する優良な企業が生まれないのか，なぜ百貨店を圧倒できないのか，という疑問が出てくる。では，SCのマネジメントのどこに問題があるのか。それを特にファッション・衣料・雑貨のマーチャンダイジングを中心に考察することが本章の課題である。

　Dawson (1983) は，SCを，「計画され，開発され，所有され，そして管理された一つの敷地に建設された建築学的に一体化した一群の商業施設」[2]であるとしている。社団法人日本ショッピングセンター協会は「一つの単位として計画，開発，所有，管理運営される商業・サービス施設の集合体で，駐車場を備えるものをいう。その立地，規模，構成に応じて，選択の多様性，利

便性，快適性，娯楽性等を提供するなど，生活者ニーズに応えるコミュニティ施設として都市機能の一翼を担うものである。」としている。SCには，比較的大型の商業施設（キーテナント），大型小売店（通常は大型スーパー，百貨店）を含むものと，多くのファッションビル，駅ビル，地下街といったキーテナントのないSC（スペシャリティセンターという）とがある。

SCは1930年代にアメリカで誕生し，50年代以降アメリカ全土に広がり，今ではアメリカの人々の生活に欠くことのできない商業施設となっている。これは，計画開発による商店街ともいえる。アメリカでは道路網の進展にともなって，郊外に大きな駐車場を持つショッピングセンターとして出現した。

日本では，東京都世田谷区の国道246号線沿いに1969年11月にオープンした「玉川高島屋SC」を皮切りに，急速に普及した。玉川高島屋SCは，日本初の本格的なアメリカ型の郊外SCで，百貨店の高島屋と128の専門店が一つの建物のなかで一体となって営業し，当時としては大きい1,000台を収容可能な駐車場を備えていた。

キーテナントのないSC，スペシャリティセンターとしては，ファッションビルの「パルコ」「ラフォーレ原宿」，駅ビルでは東京の新宿，立川，北千住，埼玉・大宮，横浜にある「ルミネ」，千葉県船橋市の「ららぽーと」，新規に開業した「丸ビル」「六本木ヒルズ」などがある。キーテナントがあるSCの代表的なものしては，前述の「玉川高島屋SC」，青森県下田町の「イオン下田SC」などが存在する。

デベロッパーの経営母体には様々な企業があるが，森ビルや三菱地所といった不動産業の関係会社であるケース，商社，第三セクター，鉄道会社といった業種が設立に関わっているケースが多いが，このなかには小売業のノウハウを持たない，または相対的に経験に乏しい企業もある。

その運営を見ると，デベロッパーの社員は少数であり，直接販売に携わることはなく，施設の管理運営，テナントの配置，広告宣伝に携わっている。

SCは，商品群，取扱ブランドが重なりあうところから，百貨店と直接に激しい競合関係にある。

本稿では，特に，キーテナントを持たないSC（スペシャリティセンター），キーテナントがあったとしても全体に占める面積の少ないSCを主体として分

析する。キーテナントの規模が大きく，そこに少数のテナントが入っているSCは，それぞれのキーテナントの業態の戦略に大きく影響される。大部分を占める百貨店，あるいはGMSとして分析したほうが有効であると考えられるからである。日本ショッピングセンター協会も，SCの基準として，「キーテナントを除くテナントとして，小売店舗が10店舗以上含まれていること」「キーテナントがある場合，その面積がショッピングセンター面積の80%を超えないこと」と定めている。本稿でもこの考え方に準じていく。

　SC一つ当たりの平均面積は，1万5,577㎡，SCの総面積は，4,143万4,655㎡である。このうち，テナント面積は1,545万5,513㎡で全体の37.3%，キーテナントの面積は1,765万8,585㎡で全体の42.6%，コミュニティ施設等は，832万557㎡で全体の20.1%である。

　SCは，一般的に百貨店の生産性を上回ることができていない。生産性の指標として，重要なものに，面積効率，人当効率がある。このうち，人当たり効率はシステムの違いから比較できない。面積効率を比較した場合，百貨店の上位100店の平均的な1㎡当たりの売上高は15億8,800万円である。SCにおいては，渋谷の「109」が22億4,100万円と，百貨店店舗上位100店平均を上回るが，それ以外のSCは，百貨店の上位店舗には及ばない。総じて百貨店の面積効率は，同様の立地に存在するほとんど全てのSCの効率を上回る。GMSで最も1㎡当たりの売上高が高いのは，大井町のイトーヨーカドーの14億4,200万円である。[3]

　これでみる限り，SCの効率は百貨店よりも概ね悪い。このようにSCの面積効率が百貨店のそれより低いのはなぜなのか。SCの売上げをさらに向上させるためには，何が必要なのか。なぜ，これだけSCが伸長しながら百貨店を圧倒できないのか。

　本稿は，SCのマネジメントに何が不足しているのかを考えていく。その「不足」を改善することが，SCの生産性を高め，より一層の効率化の鍵になると考えられるからである。特に，大型小売店舗の利益の中心を担うファッション商品においては，一部を除き大量生産された商品を大量販売に繋げることは難しい。この問題に，SCはいかに答えるべきなのか。

2 SCと外部経営資源

　SCでは，建物・設備の管理運営者であるデベロッパーと，日々の販売行為を行うテナントとが別の企業である。これはその機能をアンバンドリング（unbundling）した業態といえる。アンバンドリングとは，従来一体となって企業を形成していた機能が分離される現象である。それに対して，百貨店・GMSは，店舗設備の管理運営者と日々の販売の運営者が一致している。

　SCは，さらにアンバンドリングを進め，建物・設備の設置と日々の販売の運営という機能を別の企業体が担っている存在といえる。その結果，SCの日々の運営人数は，百貨店の数十分の一に過ぎない。千葉県船橋市の「ららぽーと」（11万6,506㎡）をはじめ，関東・関西・中国地方で16箇所のSCの管理運営を行っているが，従業員総数は405人（2006年4月現在）に過ぎない。[4] 百貨店の運営形態ならば，船橋ららぽーとのような大きさの店舗運営だけで1,000人を超える規模の人員が必要になる。これは，建物の設置と，日々の販売業務を分離した結果である。SCに比べて百貨店は多くの人員を接客販売に投入している。

　換言すれば，SCは，全面的に「アウトソーシング」を採用している業態である。分業体制としては，建物の設置者と販売者をアンバンドリングする。それぞれの商品群をテナントというサブ・システムに分割・導入し，それを頻繁に入れ替える業態である。アウトソーシングとは，製品やサービスを購入して，その成果を利用することである。自らの付加価値創造や競争優位の確保に欠かせないものについては，組織の内部で創りだすが，コストの高い財については他の組織に任せて，その成果のみを入手すればよい。

　この外部経営資源への依存が，前節で提起した，なぜ百貨店の面積効率を抜けないのかという疑問に関する手がかりとなる。つまりは，優れたテナントを誘致，集積するだけでは，何かが不足しているのではないか。それはどのような能力なのか。

　この問いは，リソース・ベースト・ビュー（RBV：resource-based view）[5]に則している。SCには，どのようなVRIO[6]が必要なのか，というのが本稿の問いである。それを明確に認識することによって，SCの生産性の向上が果た

第7章　ショッピングセンター(SC)の問題

されると思われる。

3　プロパティ・マネジメントとは何か

その解答として，日本のSCの業界団体である日本ショッピングセンター協会が，最近キーワードとして取り上げているのが，「プロパティ・マネジメント[7]」である。

プロパティ・マネジメントとは，個々の不動産を一つの財産（property）としてとらえ，その価値を高めることを目的としたマネジメントであり，森島・花澤・西村・加賀谷（2004, p.9）によれば，「その物件の収益性を最大化し，計画を立案し，具体的な経営を行う」ことである。これは，不動産業界の用語であり，ビルその他の不動産一般に適用される。

プロパティ・マネジメントという用語は，バブル崩壊後，不動産価格が低迷し，外資系の投資家が日本の不動産を購入する動きによって定着した。外資系投資会社は，不動産を巡る業務における役割を明確化し，特に「不動産証券化[8]」によって所有と経営の分離を行った。その経営を担う「プロパティ・マネージャー[9]」は，不動産価値を高めるために，テナント管理やコスト管理，メンテナンス，収益性を高めるリニューアルなどの計画を行う。

SCは，開発と運営が分断されている。開発時には，マーチャンダイジングをはじめとする店舗の方向性が定まっていても，それを日々の販売のなかで，いかに実現していくのかについては，定まった方法がない。開業時のコンセプト，あるいはマーチャンダイジングは，往々にして，時間の経過とともにその存在意義が薄れていく。これは，それぞれのテナントが個々の事情のなかで売上げの最大化をはかるからである。新たな店舗の参入等によって，SC間，または百貨店との競合が激しくなった場合，SCの価値を，さらに高めることが必要とされる。オフィスビルなどのプロパティ・マネジメントは，ノウハウが蓄積されつつある。しかし，SCをはじめとする商業プロパティ・マネジメントについては，不動産業のなかに，ほとんどノウハウは蓄積されていない。

プロパティ・マネジメントの目標は，価値の最大化であるが，そのために，マーチャンダイジング面では何をしたらよいのか，ということに関して現在

明確な指針がない。当然のことながらプロパティ・マネジメントには効率が求められる。しかし，短期的な効率と長期的な効率は時として相反する。「その日の売上げを上げる」販促計画と長期的に固定客をつくる販促計画，すなわちブランド・イメージを向上させる販促計画は矛盾する。不動産業ならば，立地条件あるいは設備条件で賃料がある程度定まる。不動産の賃貸契約には，一時金である保証金，敷金と，月単位で支払う賃料と共益費等が含まれる。これはもちろん，個々のテナントとデベロッパーとの力関係及び交渉で定まるが，ここでの問題は，SCの賃料は売上げの歩合を取り入れていることが多い，ということである。SCの賃料の形態には，固定家賃制と，売上げ等に連動する完全歩合制が存在し，この中間に，固定家賃と歩合を組み合わせた家賃設定方式が存在する。現在，主流であると考えられのは，最低保証付き逓減歩合制であるが，これらの，部分的にせよ歩合を取り入れた賃貸契約の場合，不動産の賃料は日々，変動することになる。そして，SCを含む商業施設は，集客力，イメージ，ノウハウの集積であり，これが売上げに影響を与える。これらに配慮したプロパティ・マネジメントをいかに構築すべきなのか。

一方で百貨店，GMSといった業態では，設置と運営が一体である。外部資源と内部資源の区分は運営のなかで，相対的に明確にはなされていない。SCでは外部資源である販売員は，例えば百貨店では派遣店員として百貨店のマネジメントに組み込まれてしまう。したがって，百貨店あるいはGMSその他のノウハウを，設置と運営が分離しているSCがそのまま転用することは困難である。

SCの設置，すなわち，テナントを同一の店舗内に集積することは容易である。小売業の運営経験を持たない第三セクターあるいは不動産業が，SCの運営を行っている例は多くある。SC，百貨店においては，優良またはトレンドとなっているテナント，ブランドを誘致しなくては競争に敗れる。しかし，テナント，ブランドは，競合企業にも誘致可能である。したがって，優良なテナントを誘致したことによる優位性は一時的なものである。テナント企業は，あるSCあるいは百貨店での成功事例を誇示しながら，他のSC，あるいは百貨店に営業活動を行っている。VRIO分析が示唆する，模倣の難しい持続的な競争優位を確立するためには，何か別の能力が必要となる。

そこには，不動産業におけるプロパティ・マネジメント（PM）の発想，すなわち外部経営資源を一つの不動産（店舗）としてトータルにマネジメントし，その価値を高めるために何を行うかという発想が求められる。SCの場合，小売業が持っているノウハウと，PMとの融合が必要であろう。

日本ショッピングセンター協会は，2005年9月に「SCにおけるPM活用実態調査」を会員企業401社に対して行っている。これによれば，プロパティ・マネジメントを「よく知っている」としたSCの管理者は21.2％にとどまり，「ある程度理解している」が42.3％，「言葉だけは知っている」が33.7％など，まだまだ概念の普及がはじまった段階といえる。導入状況についても，5割弱（46.2％）の企業が「現時点ではわからない」としている。これまでのところ，SCにおけるプロパティ・マネジメントは確立していないというべきであろう。

4　SCのマネジメントに求められるもの

SCは，テナントという外部の経営資源に深く依存している。SCは，販売という重大な核業務をサブ・システム化し，顧客に提供している存在である。SCはテナントとの分業によって成り立つ。現代の多くの企業は，アウトソーシングを利用して業務を行っているが，SCも，多くは多数の小売業，卸売業，製造小売業と賃貸契約を行っており，その小売業，卸売業，製造小売業から供給される製品，ブランドは店舗（テナント）単位で入れ替えが可能である。SCあるいはGMS，百貨店といった大型流通業の店舗は，厳密な設計のもとに施工され，オープンする。そこには「設計」が存在する。しかし，店舗という「サービス製品」はそこで完成ではない。完成して，オープンしてから，その「製品」を構成する組織の間で，各種の調整，摺り合わせ作業が行われ，店舗の生産性は向上していく。店舗は，開店時が完成ではなく，摺り合わせ作業を行って，生産性の向上を行い，年ごとに売上げ増大を果たす。これは，「サービス製品」の特質である。そのような性質であるが故に，基本的な設計の事後に変形したり調整したりすることが可能なのである。

SCは百貨店，GMSに比してこのような事後調整が相対的に少ない。それは，建物の設置・運営と日々の販売がアンバンドリングされた結果，販売業務に関わるテナント相互の，あるいはテナントと設置者との調整が異なる企業間

にまたがる調整になるため，困難であるからである。

　企業間には，基本的に，明示された契約が存在する。しかし，ファッション・雑貨の販売においては，変化が激しく，商品は頻繁に入れ替わる。例えば，婦人服などは，シーズンを，10季程度にわけて基本的な計画を立てる。そして，流行や気温の変化に対して，期中に様々な変更を行う。これを全て契約時に記述することは不可能である。

　顧客満足を通じて生産性の向上を達成するために，商品の需要の変化に応じた最適な店舗をつくりあげるために多くの取引先やテナントとの交渉を行うこととなる。[12][13]

　オープン時には，その時期における流行に最大限配慮し，人気の高いテナントを集積したとしても，時間の経過とともにそのマーチャンダイジングは最良のものではなくなる。特に環境が変化し，近辺に，ある特定の商品群を集めた大型店が開店した場合などには，対応が必要になる。例えば，近隣に大型書店が進出したことによって，書籍フロアを婦人ファッションフロアに改装リニューアルするなどというケースがこれにあたる。商品群が異なれば，フロアの内装，天井や床，柱周辺までも変えて雰囲気を一新することが求められる場合がある。SCの場合，リニューアルの多くは，テナントの入れ替えがともなう。不動産管理の用語でいえば，コンストラクション・マネジメント（CM）業務，リージング・マネジメント（LM）業務である。[14]これらは，広義のプロパティ・マネジメントに含まれる（川野真治，2005）。

　図表7-1のようなリニューアルは，大きな投資とともに膨大な調整を必要とする。リニューアルは，ブランドの消滅・取り入れ，面積の拡大・縮小がともなう。テナントにとっては重大な問題である。しかし，SCは，一定の面積単位で賃貸を行い，退店の条件等は契約書に明記されている場合が多い。その契約書に基づく限り，調整は容易であろう。

　しかし，もっと小規模な商品入れ替えの場合はどうか。

　商品入れ替えは，随時行われている。ファッション・ブランドでは，売れた商品が補充されるが，同時に売れ行きのよい商品を増やし，売れないと判断された商品を引き下げる操作が行われる。また，季節，天候によっても品揃えは変わる。

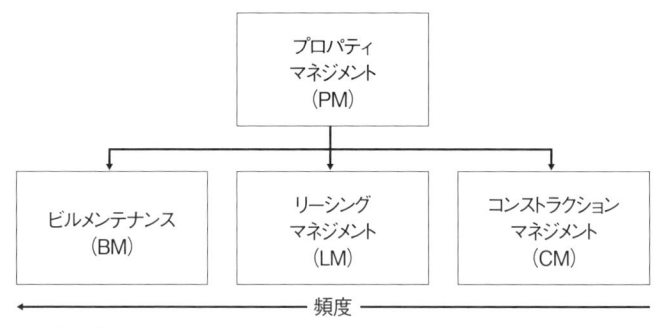

図表7-1　プロパティ・マネジメントの概念

```
          プロパティ
          マネジメント
           (PM)
    ┌────────┼────────┐
    ↓        ↓        ↓
 ビルメンテナンス  リーシング    コンストラクション
   (BM)    マネジメント    マネジメント
            (LM)       (CM)
    ←─────── 頻度 ───────→
```

出所：川野 (2005) より筆者加工

それを効率よく取り扱おうとする場合，あるテナントを拡大し，隣接する他のテナントを縮小したほうが合理的な場合がある。しかし，面積を明示して契約をテナントと取り交わしているSCでは，このような随時，環境の変化に対応したテナント単位の拡大・縮小は不可能である。

　これが百貨店ならば，春夏にかけて，水着売場を拡張し，その分，他の商品群を縮小する。この水着の面積は，秋口には消滅する。秋冬には，コートが面積を必要とするからである。SCでは，水着を取り扱おうとする場合，冬の季節には効率が落ちるのを覚悟してスポーツ用品等の常設のテナントを設置するか，あるいはイベント・スペース等のユーティリティ・スペースを設けて，季節商品に対応する必要がある。その場合でもユーティリティ・スペースは上層階等，効率が低層階に比べて劣る場所に設置されているのが常である。

　また，SCと百貨店の顕著な違いは，いわゆる「平場 (ひらば)」の有無である。平場とは，通路からの入り口を除いた三方が壁で仕切られているブランドのイン・ショップとは違い，複数のブランドを横壁の仕切りを付けずに展開している売場をいう。平場は，横壁など仕切りがないため，ブランドの好不調やシーズンによって，簡単に拡縮できるのが特徴である。これらの平場は，かつては百貨店のなかで花形ともいえる効率を誇っていた。近年は，特に衣料品において効率に翳りをみせているが，広義のファッション製品に属する

雑貨，アクセサリー等においては，この平場を柔軟に運用することによって百貨店はSCを上回る効率を上げている。

なお，これらの平場と同様に柔軟性を活かした専門店業態にセレクトショップがある。セレクトショップとは，多数の取引先，多数のブランドのなかから，自店のコンセプトに合う商品を選択して，陳列・販売している形態である。[15]

日常における介入が存在しないSCの場合，SCを構成する各々のテナントやブランドは，個別の売上げを追求する。それは百貨店のイン・ショップ等においても同様である。しかし，個々の売上げを追求する上において，店舗全体としての効率が下がることがあり得る。

この小売業の発想に基づいたプロパティ・マネジメントなしでは，季節的なイベントやセールへの参加の足並みが揃わず，店舗の一体感を損なうケースなどが容易に起こる。また，サービスや接客用語の不統一なども引き起される。SCのなかには，この問題に無頓着なところも多い。同じビルのなかに，同様の商品を取り扱うテナントが入居し，互いの効率を削りあっているケースは多い。どのような製品ミックスを行うのかは，小売業の重要な問題である。

大型流通業の店舗は，専門店が様々な商品を集め，一店舗に立ち寄るだけで，必要な商品の購入が全て可能な買物（ワンストップ・ショッピング：one-stop shopping）が可能になるように，店舗設計がなされる。

しかし，むやみに集積すればよいというものではない。カニバリズム（cannibalism）[16]の危険がそこに存在する。SCの主要商品群は，豊富な品揃えのなかから，選択を楽しみたい「買い回り品」である。その買い回りを実現するためには，セグメントの異なる来店客がそれぞれ商品を比較検討できるように，アイテム毎の型数や多数のブランドを揃える必要がある。しかし，それが似たようなものの集積になってしまえば，死に筋商品が多数発生することになり，効率を悪化させる。また，近隣に競合商品・競合店舗を展開する店があれば，過剰な競争や値下げが発生する。これらが，カニバリズムによる効率低下の要因となる。

SCではこの問題に対し，最適な店舗設計ができなかったケースも見られる。例えば，同じSC内にアウトドア・スポーツ店が複数あるケースなどがそれである。ファッション・衣料なら，まず全く同じ商品を取り扱うことはない。

顧客は店舗を歩き回って比較・検討し楽しみを味わうことができる。しかし，スポーツ店では，その可能性は相対的に薄い。[17] ファッションではないが，書籍あるいはDVD等のAV店なども買い回りによる商品選択の余地は狭い。

　また，婦人服ブランドとして導入されたブランドが，いつの間にかそのブランドの傘，マフラーなどを取り扱い，婦人雑貨売場と競合するケースなどもある。メンズブランドがカップル層をターゲットに，女性ものを取り扱い始めることもある。

　当然，効率アップのためには，これらを調整せねばならない。しかし，SCの面積効率が百貨店のそれに及ばないのは，このようなマーチャンダイジングに関する「日常的な調整」が行われていないためではないのか，ということである。百貨店においては，小売業としてのマネジメントが実現されている。そのマネジメント能力の差異が発生する。この小売業としてのプロパティ・マネジメントに関しては，不動産業と発想を同じくし，その手法が応用可能な，BM，LM，CMというマネジメントに加えて，マーチャンダイジングに関するマネジメント（MM）を付け加える必要がある（図表7-2）。

図表7-2　プロパティ・マネジメントの概念拡張

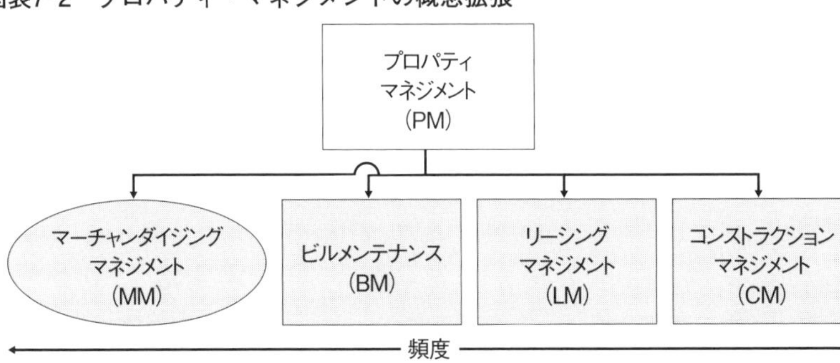

```
                    プロパティ
                    マネジメント
                      (PM)
        ┌──────────┼──────────┬──────────┐
   マーチャンダイジング  ビルメンテナンス  リーシング    コンストラクション
     マネジメント        (BM)       マネジメント    マネジメント
       (MM)                          (LM)          (CM)
   ←─────────────  頻度  ─────────────→
```

出所：筆者作成

　SCにおいては，このようなマーチャンダイジングに関する「日常的な調整」能力の有無がこれからの競争力を左右することになる。

5 プロパティ・マネジメントの能力向上のために

　SCは，製品でいうオープン・モジュール・アーキテクチャ[18]の店舗設計である。これは「組み合わせ（モジュラー）型」，すなわち部品・モジュール，ここでは「イン・ショップ」形式のテナントのインターフェイスが何らかの意味で標準化していて，既存部品を寄せ集めれば多様な製品ができるタイプを意味する。デベロッパーが，建物を建てて，そこを区画設計し，特定のインターフェイスをもって部品（個別店舗～テナント）を入れる。その部品は容易に取り替え可能である。しかし，それを構成する個別店舗間での相互の調整は行われてはこなかった。

　最後にその解決の方向性，すなわち，SCのプロパティ・マネジメント実現への課題を示して，本稿の締めくくりとしたい。

　まず，第一に，賃料システムの見直しである。現在のSCの賃料は，売上げの歩合を取り入れており，これがSCのプロパティ・マネジメントを困難にする一因となっていた。この歩合は，SCの「部分」たるテナントの売上げを反映して定まる。そこには，SC「全体」を最適化するという思想はない。一方，SC全体の費用として，共益費が存在する。共益費は，「第二家賃」などとも称されるが，全体の維持管理や，共通の部分のための費用である。この共益費は通常，固定費である。しかし，本稿の全体最適を求める立場からすれば，この共益費に，売上げ逓減の考え方を導入できないか。SC全体の売上げ効率が上がった場合に，共益費が下がるシステムを導入すれば，それはテナントの全体最適に協力するインセンティブになる可能性がある。

　第二に，店長会（あるいはテナント会）の活用である。店長会は，SCに入居しているテナントの代表者のつくる組織で，全体の意志統一，意志の伝達と調整，協力の役割を担っている（日本ファッション教育振興協会，1996年，pp.157-158）。これらをさらに強化していく必要があろう。これはテナント会であるので，デベロッパーは入会すらしていない場合がある。プロパティ・マネジメントのためには，デベロッパーはここに積極的に参加し，信頼を得ることが必要になるだろう。

　第三に，このプロパティ・マネジメントの能力を持つ人材の養成である。「小

売業」としてのプロパティ・マネジメントの能力，すなわち，テナントのマーチャンダイジングに対し，店舗全体を最適化する視点から助言し，調整する「マーチャンダイジング能力」を確立する必要がある。それには，消費者の行動に基づいた日々の細やかな調整業務が必要となる。百貨店等では，設置と販売が一体となっているところから，売場のマネージャがこれを担う。SCでは，プロパティ・マネジメントを担うのは，販売には従事しない人々であり，設置者が依頼した外部の人間であることもある。現在，SCのマーチャンダイジングを担う人材は百貨店出身者等，外部から調達されている。しかし，SCがファッション・ビジネスにおける中心的な存在となりつつある今，それらの調整を担う人材を自ら養成する必要があろう。そのためには,例えば，テナント会という場を通して能力を育成することや，人材のスカウティングが必要になるだろう。

　SCのプロパティ・マネジメントにはこれらの問題が残っているが，これらについて詳細に論じるのはこれからの課題としたい。

【第7章注釈】
1) 小売業の代表的な業態としては，百貨店，量販店，専門店とするのが通例ではあるが，ここでは日本ショッピングセンター協会の表記，資料に従い，量販店を総称してスーパーと表記する。
2) Dawson, John A.（1983）, *Shopping Centre Development*.（邦訳：佐藤俊雄訳（1987）『ショッピングセンター　計画・デザイン・開発』白桃書房）
3) なお，個別の店舗ではなく，業態トータルとしてみた場合，経済産業省商業統計によれば百貨店は117万円/㎡，総合スーパーは57万円/㎡である。日本ショッピングセンター協会による2004年のSC売上げを面積で除すと，64万円/㎡である。ただしベースの違う数字であるので，あくまで参考値である。これに対しては，百貨店のほうが，都市部であっても地価の高いよい立地にあるからだ，という指摘があるかもしれない。しかし，ほとんど同一のビルに属する百貨店の池袋西武とSCの池袋パルコでも2倍の開きがある。また，郊外でも，船橋，大宮，八王子等を詳細に比較すると，百貨店のほうが優位である。
4) その他，アウトレットモールの運営及び，スヌーピータウンというテナントの運営をしている。
5) RBVは，競争優位をもたらすレント（rent）の源泉を企業自身に求める。企業の成長を企業の持つ資源に求める流れは，ペンローズ（Penrose, 1959）の議論から始まり，バ

ーニー（Barney, 2002）によってまとめられ，それまで競争戦略の中心をなしていた企業の置かれた産業構造を重視する議論を補足した。
6) バーニーは，VRIO分析を提唱し，ある資源が競争優位をもたらすかどうかは，資源の価値（value），希少性（rareness），模倣可能性（imitability）の三つの要因によって決まるとする。VRIOとはこの三つの要因に組織（organization）を加えた四要因の頭文字である。
7) 『ショッピングセンター・トゥデイ』2005年10月号は「新しいステージに入ったSCマネジメント」のテーマでプロパティ・マネジメントを特集している。
8) 特にREIT（不動産投資信託）の出現で，SCの所有と経営が完全に分離されるようになった。外資系不動産会社の主導する不動産証券化以前にも，日本では信託銀行が主体となって所有と経営の分離を行っていたが，部分的なものにとどまる。
9) 不動産価値を担う役割も，不動産ファンド全体を管理するアセット・マネージャーと個々のビルなど不動産それぞれを管理するプロパティ・マネージャーに分離される。さらに，そのマネージャからの指示を受けてメンテナンス，清掃，警備その他の業務を行うアウトソーシング受託業者がある。
10) チラシなどの安売り広告は「その日の売上げ」を上げるためには有効である。しかし，「安売り」で来店する消費者は他の店が安ければその店に行く存在である。
11) テナントの営業努力を反映させるために，売上げ効率に応じて歩合が減免される。日本ファッション教育振興協会（1996），p.151。
12) 日本ショッピングセンター協会によればSCの平均テナントの数は43である。
13) しかし，SCの場合には，テナント・ミックスを通じて，顧客満足のために間接的に製品ミックスを実現する。
14) コンストラクション・マネジメント（CM）業務，リーシング・マネジメント（LM）業務に加えて，ビルメンテナンス業務（BM）がプロパティ・マネジメントに包含される。CMとは，中規模以上の補修・改良に関する工事，その意思決定その他に関わるマネジメントである。LMとは，テナントの賃貸借に関する業務である。BMは，日々の清掃保守点検管理など日常のマネジメントである。
15) 百貨店の衣料品の平場も本来，このような柔軟性を活かす形態によって，再生は可能なはずである。伊勢丹等の百貨店ではこのような試みがはじまっており，その成功事例としては，ブランドの壁を取り払った伊勢丹新館のリニューアルが挙げられる。
16) カニバリズムは，狭義には食人習俗，あるいは共食いという意味であるが，ここでは，同じSCのテナント同士が競合し，効率を下げることをいう。
17) もちろん，神田の古本屋街のように特徴ある商品を取り扱う店舗が集積しているケースはある。
18) それぞれの部分の相互関係を示したものをアーキテクチャと呼んでいる。この「アーキテクチャ」概念を軸にした戦略論，組織論が発展しつつある（藤本・武石・青島，2001）。「アーキテクチャ」とは，どのようにして製品を構成部品（モジュール）に分割するか，そこにどのように，製品機能を配分するか，必要となる部品間のインターフェ

イス（情報やエネルギーを出し入れする結合部分）をいかに設計・調整するかに関する基本的な設計構想のことである。

19) 例えば，百貨店には「シャワー効果・噴水効果」という概念がある。これは通常，上層階に設置されている催事場が集客装置となって，店舗全体を潤す，という経験則（シャワー効果）と，地下の食料品フロアが店舗全体を潤すという経験則（噴水効果）である。同様に他のテナントのマーチャンダイジングとの相乗効果が存在し，それを最大化することがPMの目的である。しかし，これを定量データで，日々示すのは簡単ではない。

第8章

結論：百貨店・SCシステムの課題

1　百貨店・SCシステムの課題

　現代の百貨店は，SCの特殊な形態といえる。1980年代後半から百貨店は，高級化を行ってそのドメインを大きく変化させた。百貨店の社会的役割も変化し，低価格帯の商品の提供をも百貨店が担っていたが，その役割をスーパー，ディスカンターに譲り，低価格帯よりも高価格帯の商品の提供にその社会的役割が移った。高価格帯の品に相応しい，品揃えの幅や選択の楽しさ，高度なサービスが求められている。そのためには，外部の取引先を有効に使って，幅広い品揃えを実現しなくてはならない。高級化というドメインの選択を行った結果，高級なイメージを持つ外部資源の導入は不可欠であった。外部のテナントに大きく依存するという点で，ショッピングセンターと同様となり，差別化は難しくなった。その意味で，売場貸し業に転落したという指摘は，たしかに現在の百貨店が置かれている状況を示している。つまりは，外部資源を取り入れたが故に同質化し，競争力を失ったという議論である。

　これはまた，SCが直面している課題でもある。これだけSCが伸長しながら，なぜ全国に展開する優良な企業が生まれないのか，なぜ効率面で百貨店に追いつくことができず，百貨店を圧倒できないのか，という課題である。前章では，これに対し，プロパティ・マネジメントをキーワードとして，調整の不在をこのSCの課題への示唆とした。

　一方，百貨店のなかでも地方・郊外店の不振が顕在化しつつある。しかも，主力の都心型店舗においては高い面積効率を誇っているが，企業としての収益は低迷している。この主要な原因は返品制度にあるのではなく，特にSCの

台頭による競争激化と，SCとの同質化にある。これは百貨店自身がSCと同様の外部資源を利用しているからである。ただし百貨店は，調整システムに大きなコストをかけて，単位面積の効率アップをはかっている。

　現代の百貨店システムは過渡期にあるといえる。1985年以降に顕在化した高級化の流れのなかで外部資源の活用は必須となった。しかし，外部資源を活用しながらアウトソーシングのジレンマに陥らない「オープン・インテグラル戦略」の確立には，この戦略の徹底が不可欠であるが，いまだに迷いが散見されるからである。

　まず，価格志向の顧客を捨てて流行に敏感な顧客にフォーカスするという戦略が不徹底である。擬似マトリックスの調整を行い，多くのマネージャを雇用し，あえて調整費用をかけている。面積当たりの効率を最大化すべく店舗の統一感を保ち，季節に即した細かい調整を行い，あるいはカニバリズム（同じような品揃えによる効率の低下）を防止している。このようなコストをかけた調整を行いながら，外商による割引，カードによる割引を導入するといった割引販売を行えば，利益をすりつぶす結果になる。また，バーゲンセール等の負担も相変わらず重い。価格志向の顧客を取り込むのであれば，価格競争に耐えるコスト構造にする必要があるが，これと，調整コストをかけ，最大の効率を引き出す「外部経営資源の活用」がトレード・オフであることへの認識がなされていない。

　そして，外部経営資源活用のメリットが享受できない，流行に相対的に影響されない商品をどうするのかという問題が残っている。一例をあげれば，家具・家庭用品あるいは食料品などである。これらは，流行がないわけではないが，その影響は衣料や雑貨に比べれば鈍い。また，食料品のように返品しても破棄するしかない商品もある。現状ではこれらも返品制（消化・委託）で運用されている。これらは，批判を浴びてきた単なる販売リスクの回避である。しかも概ね赤字または黒字の少ない部門である。これらをどう取り扱うのか，という課題が残っている。

　また，百貨店の外部経営資源の活用は問屋・卸にとってみれば，「販売」という川下を垂直統合する行為である。その「販売」は百貨店側との共同作業であるが故に，販売のノウハウが百貨店側から問屋・卸へ移転する。ファイ

161

ブ・フォース・モデルによれば供給者の垂直統合の可能性は，供給者の交渉力を強める。問屋・卸は，百貨店での販売を通して，百貨店を経由せずとも，販売を行う能力を身に付けた。そのことを武器に，交渉力を強めている現状がある。ルイ・ヴィトンをはじめとするいわゆる特選ブランドは百貨店のなかに出店することによって，その知名度をアップさせ，日本における高いブランド認知を獲得するとともに，日本における販売のノウハウを身に付けた。21世紀初頭，銀座，原宿等に単独の「路面店」を設置して，百貨店抜きでのビジネスを加速させている。また，ホールドアップを武器に利益率，イン・ショップの位置や大きさ，倉庫などについて百貨店側に譲歩を迫っている。

さらに，流行に敏感で，そのために余分な支出をしてもかまわないと思う顧客の人口は少ない。したがって多くの人口を有し，また周辺からの流入が期待できる都心部の立地ならともかく，地方都市に存在する百貨店は苦戦を免れない。

2　地域競合の集積としての百貨店競争戦略～百貨店の経営統合に関して

「メガ百貨店」と称される百貨店の再編がはじまっている。この成否はこれからの検証を待たねばならない部分が大きいが，再編によって成果を出すためには，以下の二点について考えねばならない。
①百貨店業態に，スケール・メリットはあるのか
②百貨店のなかで，ケイパビリティの移転は可能なのか
最初に，百貨店という業態に，スケール・メリットはあるのか，という点については，売上高一兆円を超える規模になり，そこに「規模の経済」が働くのか，という問題である。小売業において，この規模の経済を最大限に利用する仕組みとして，「チェーン・オペレーション」がある。このチェーン・オペレーションが働くかどうかが，再編の成否を握る。

次に考えるべきは，百貨店の持つ「ケイパビリティ」の移転が可能か，という問題である。本稿で論じてきた，顧客マネージャによる調整能力は，百貨店の持つ代表的なケイパビリティである。この巧拙には大きな差異がある。

この巧拙を数値で比較することは困難だが，例えば，かつて日本橋地区には大規模な，そして伝統のある百貨店が三店舗あった。三越本店，髙島屋東

京店,そして東急百貨店日本橋店である。少し離れて,大丸東京店が位置する。純粋に立地だけを考えた場合,有利なのは,東京駅に直接立地し,周辺に競合する店舗がない,大丸東京店であり,次いで,地下鉄日本橋駅の真上に位置する東急日本橋店であろう。しかし,その売上げは,店舗面積に多少の差異があるにしても,1995年当時,三越が3,160億円,高島屋2,319億円に対し,東急日本橋店は394億円,大丸は845億円であった。文字通り,ケタが違う効率が出ている。ここには何らかのケイパビリティの差があると考えられる。1999年,前身の白木屋から数えれば300年以上の歴史を誇るこの東急日本橋店は閉店を余儀なくされた。

また,現在,百貨店の「ケイパビリティ」において定評があるのは,本稿で論じた伊勢丹のマーチャンダイジングに関する調整能力,大丸の合理的なオペレーションである。これらが,伊勢丹から三越に,また大丸から松坂屋に速やかに移転できるのであろうか。

まず,チェーン・オペレーションに関して論じる。百貨店の持つ店舗設計システムへの批判として,返品制度への批判と並んで有力なのが,GMSやコンビニエンス・ストアと比べてチェーン・オペレーションができていない,それによる効率化がされていないというものである(例えば伊藤,1998,pp.123-128)。たしかに,百貨店の店舗設計システムには改善の余地が大きくあり,効率化が可能な部分もある。しかし,少ないと1店舗のみ,多くとも30店舗ほどの店舗しか有せず,そのなかで売上げ・収益を上げる店舗は少数であるという百貨店の性質を考えれば,GMSやコンビニエンス・ストアと同様にチェーン・オペレーションを導入するのには構造的な無理がある。この構造は,21世紀になって加速する百貨店の経営統合によっても基本的には変化しないと考えられる[3]。

また,ケイパビリティに関していえば,マネージャによる細やかな調整は,マニュアルに落とし込めるほど単純なものではない暗黙知である。その調整は,調整相手の取引先の短期的な売上げ減少に繋がりかねないものであり,いわゆる信頼がそこにあることが条件である。これは,人間関係,コミュニケーション力など無形のケイパビリティが調整を可能にする要素である。これらは,チェーン・オペレーションに馴染む形式知ではない。

また，百貨店は地域ごとにポジションが異なるという問題がある。地域の競合状況や，周辺の地域環境に，大きな影響を受ける。これは，地域によって店舗設計に大きな差異があるということである。これらが単純なチェーン・オペレーションを不可能にする。小売業においては，立地の重要性はいくら強調してもし過ぎることはない。道を一つ隔てた，数十メートルの差が，小売業においては重要な意味を持つ。

　GMSあるいはコンビニエンス・ストアにおいても立地は重要であり，それらの企業は自らの品揃えに見合った立地を求めて，例えばハフ分析といった数理的な手法を使用して出店計画を練っていく。それでも出店に失敗したと見れば，迅速にスクラップ（退店）を行い，またビルド（出店）を行っていく。そこにおいては，自らの店舗設計，品揃えに見合った出店の場所を探索するという行動が中心となる。地域の状況にあわせて，細部の微調整は行うものの，自らの店舗設計を大きく崩すような品揃えや店舗設計の変更は行われない。

　地域における差異は，例えば，都心と地方，あるいは関西と関東で売れる商品の価格帯や好みに差異があるということだけではない。その地域における競争環境の差異のことである。前述したように，大型店舗間で競争が行われるが，それは，隣接した空間のなかで行われる。逆にいえば，距離的に離れた場所にあるのなら，いかに効率のよい店舗が存在しようが競争関係にはならない。その地域内の競合が戦略に決定的な影響を及ぼす。地域で最も大きなシェアを持っている店舗（一番店）が，例えば40代以上の世代に力を入れた戦略を取っている場合，二番店以下は，他の世代にフォーカスを移さざるを得ない。例えば新宿におけるいわゆる「百貨店戦争」においては，一番店たる新宿伊勢丹の存在により，新宿高島屋は，高島屋としては本来得意ではない，20代，30代の品揃えを強化し，京王新宿店は，60代以上のシニアにターゲットを絞った品揃えを展開している。

　地域における競合の問題は，小売業全てにあてはまる条件である。これは，チェーン・オペレーションを採用する小売業においても然りである。しかし，GMS，コンビニエンス・ストアでは，チェーン・オペレーションで，同じ商品を大量に仕入れ，同様のオペレーションを行うことによるコストの減が大きい。もし地域に関して，大幅なマーチャンダイジングの調整を行えば，そ

のチェーン・オペレーションは崩壊する。地域への細かなマーチャンダイジング調整は，チェーン・オペレーションによる効率追求とトレード・オフになる。百貨店においては一つの支店のウエイトが大きいため，地域ごとに，大胆にマーチャンダイジングを調整する。この地域商圏へのフィット問題に対する目配りが重要になる。すなわちそれぞれの地域特性にあわせた設計・品揃えを行うことによる利得が，チェーン・オペレーションによる効率化よるそれより大きいのが百貨店の特徴である。なお，繰り返すが，百貨店の店舗設計には効率化の余地がない，といっているのではない。しかし，それはこれから述べる地域内での競合において競争優位をつくり出すという範囲で行われるべきで，効率化を優先するがゆえに，地域における優位を放棄するということではない。この意味おいて，GMSの戦略あるいはコンビニエンス・ストアの戦略とは異なる。GMS，コンビニエンス・ストアにおいては，その地域に合わせることによって，全体の効率が損なわれる品揃えは行わないシステムである。もちろん，細かな調整は行うものの，大幅な品揃えの変更が必要な地域には，出店を控える，そして地域内の競合によってそれを迫られるのならば，速やかに撤退するのが，これらチェーン・オペレーションを軸とした企業である。

　前述のように，百貨店においては，各支店それぞれの位置付けが大きい。その支店の地域における競争優位の累積がその企業の競争優位となる。これは，支店一つでも参入のコスト及び退出のコストがGMSに比べて大きいことが大きな要因となっている。例えば，高島屋新宿店の開店コストは間接的な経費も合わせれば2,000億円ともいわれている。郊外店であっても300億円から500億円という投資額になることは多い。これは人の集まる駅の周辺の一等地に立地を求める百貨店の戦略による。このコスト故に，チェーン・オペレーションによるコストの優位を求めるより，立地に合わせた品揃えによる売上げの拡大が百貨店においては求められる。

　これらのことから，百貨店業界の再編によって，速やかに効果が出るとは考えづらい[4]。速やかに統合効果が出るのは，チェーン・オペレーションによる規模の経済に関してであるがこれは難しい。ケイパビリティの移転に関しては，暗黙知の部分が大きいために，10年単位でこれを見る必要があるので

はないか。後者に関して傍証を述べれば,小田急百貨店は伊勢丹から経営層を招聘してマーチャンダイジングの移転を試みたが,成功していない。[5]

3　出店はいかなる戦略の次元にあるのか

　企業戦略（corporate strategy）では,全社戦略ともいい,ドメインの決定や多角化の決定などの全社的なレベルでの戦略を意味する。対して,競争戦略（strategy for competitiveness）は,一つの市場においていかに競争優位（competitive advantage）を築くかが問われる。

　昭和40年代,スーパーの台頭に対抗し,百貨店は,地方都市,副都心への多店舗展開をはかった（日経流通新聞編,1993,『流通現代史』p.24）。郊外や地方にあっても,百貨店のブランド,「のれん」への信頼は高い。[6] 昭和40年代の多店舗戦略は,もちろん,失敗した店舗もあるが,出店後しばらくは,のれん,ブランドへの信頼感もあって収益を上げた店舗が多い。しかし,現在の状況をみれば,これら,地方や郊外の店舗が不採算となって,百貨店経営の重荷となっている。[7] 都心に位置する店舗は,概ね安定した収益を上げているのに対し,この対照は何によるのか。

　これまでの議論で,百貨店,SCの出店は,投資額が大きく,簡単には撤退できない大きな決断であることを論じた。出店は,大きな意志決定である。では,百貨店またはSCの出店は,いかなる「戦略」であるのか。戦略は,全社戦略と競争戦略,そして個別戦略に区分されるが,これらの「出店」はいかなる戦略の次元でとらえることが有効なのか。

　産業組織論では,市場を厳密に画定する。いわゆるSCPパラダイムでは,市場構造（S）が市場行動（C）を決定し,市場成果（P）のいかんは市場行動によって決定されるという因果関係が存在する。この考え方では,市場構造をどのようにとらえるかが分析の基礎となる。通常は,単一の財・サービスの場合,同一の市場であると考えるが,同一の市場であっても,距離的に大きく離れた供給者と需要者は同じ市場とみなすことはできない。空間革命以前では,市場の大きさは,村落の大きさのそれを出なかった。空間革命,そして近年のグローバリゼーションによって,移動可能な財の市場は大きくなった。

第8章 結論：百貨店・SCシステムの課題

　しかし，生産と消費が同時に行われるサービスにおいては，ほとんどの場合で「空間革命」はまだ実現していない。ニューヨークのレストランの開店はパリのレストランになんら影響を与えないことは自明である。同様に，札幌の百貨店の開店は，東京や大阪の百貨店に影響を与えない。SCPパラダイムにおける市場構造では，これらは，別の市場である[8]。百貨店の第一次商圏は，概ね日本全体を市場とする一般的な財の市場と比較すればかなり狭隘である[9]。

　企業戦略は，全社戦略ともいい，ドメインの決定や多角化の決定などの全社的なレベルの意志決定である。ドメイン[10]とは，企業の生存領域を指す。地理的に大きく離れた立地にある店舗はそれぞれドメインを異にする。あえて論争的に表現すれば，商圏の異なるところへの百貨店・SCの出店は，多角化（business diversification）である。もちろん，経営の技術やブランドの点で関連性のある多角化ではある。

　しかし，同じドメイン，同じ一つの市場のなかで，競争優位を築く場合は戦略の次元が異なる。そこでは，他店のコスト・リーダーシップ，差別化，集中化は利用できない。前述の通り，チェーン・オペレーションによるコストの低減は限定的である。差別化あるいは集中化についていえば，郊外店・地方店では，本店の高級感や歴史に裏打ちされたブランド・イメージをそのまま全部は踏襲することはできないし，またそれに依拠したマーチャンダイジングは，地方や郊外では大きな売上げをあげることができない。それ以前に，ブランド・イメージの拡散を恐れる特選ブランドをはじめ，外部経営資源たるブランドやテナントの協力を得られない。

　これは，新規参入の程度によって説明できる。新規参入があれば，市場シェアを確保したい企業は激しい競争に陥ることになる。新規参入の脅威の大きさは，参入障壁によって決定される。参入障壁の主なものとしては，規模の経済の理論，資本力，スイッチング・コスト，チャネルへの到達距離，政府の政策，が挙げられる。

　百貨店関連では，大規模小売店舗法との関連で政府の政策による新規参入への壁があった。この意味で百貨店は新規参入が少ない業態であったとされる。しかし，それ以上に，「資本力」あるいは，巨額の投資の必要性が，新規参入を妨げていた。これは，競争するに当たり，巨額の投資が必要な場合，

新規参入が抑制されるという議論である。石油化学業界や鉄道業界などは巨額の設備投資を必要とするので，業界の再成はあっても新規参入は考えにくい。同様に，新規出店を考慮する商圏にとってはその商圏から得られる利益に比べれば相対的に大きな投資である。さらに，そこに既存の別の百貨店が存在する場合は，商圏顧客のロイヤリティや，有力ブランドへのチャネル確保などの問題を生ずる。これらは全て参入障壁を形成する。

さらにRBVからいえば，ケイパビリティーはどうであったのかを分析する必要がある。その企業にしかない個性的な独自能力，製品・サービスに関する知識，顧客，企画開発，販売，物流，研究などあらゆる分野で企業の競争力の根幹となる持続する能力は何であったのか。百貨店の内部の人間がそうであると信じるように自らの「ブランド」がそうであるとすれば，郊外・地方店舗の収益が安定しなかった説明はできない。

多角化を分析する代表的なツールであるBCGモデル（成長率と相対的市場占有率）でいえば，成長率が低いが自社シェアが高い『Cash Cows（金のなる木）』は，老舗の百貨店の本店である。これは収益の源である。しかし，これでは，成長の余地に乏しいため，郊外店を設置し，成長率，シェア共に高い『Star（スター）』を育成しようとする。しかし，開店の計画時，あるいは開店後数年は『Star（スター）』であっても，郊外店の立地が希少資源ではないため，他社の参入により成長率・シェア共に低い『Dogs（負け犬）』に転落し，経営上の足枷になる。そして，投資金額の大きさと撤退によるブランド・イメージの毀損が撤退障壁になって利益を減らしている。松岡（2000）は，百貨店の復活の条件として郊外店の即時撤退と都心店への資源の集中の必要性を論じているが，本稿もその分析を支持する。チェーン・オペレーションのメリットが少ない以上，その戦略は必然である。

4　希少資源は何か

RBVでは，競争優位を持続させる戦略の秘訣として「模倣困難な希少資源（リソース）が優位を築く」と提唱するが，その模倣不可能な稀少資源は，安定した収益を上げる都心型百貨店においては何であったのか。

また，地方百貨店は別として，都心型百貨店に限っていえば，三越，高島

第 8 章　結論：百貨店・SC システムの課題

屋に代表される「老舗系」の百貨店と，西武，東急，阪急に代表される「電鉄系」の百貨店しか存在しないのはなぜなのだろうか。百貨店が花形であった時代にも，新規の参入が他の業態ほどには多くなかったのはなぜか。あるいは新規参入者は，電鉄系を除いて淘汰されていったのはなぜか。

　小売業においては，立地の重要性が強調される[11]。都心型百貨店はケイパビリティーとして，希少な資源へのアクセス権を独占的に持っている。それは都心の「駅前の一等地」という空間に大型の店舗を構えていることである。古くは，江戸時代からの歴史を持つ「老舗系」百貨店は，その中心店舗の不動産の多くを昭和初期までに取得している。これは，今となってみれば，模倣が不可能な競争優位である。また自ら鉄道という資源を持ち，駅の設定，駅舎の建設を行うことができる「電鉄系」の百貨店も，都心に低コストで店舗を構えることが可能であった。電鉄系は，自ら「駅前」を設置することが可能だからである。

　逆に，系統としては老舗系に分類される「そごう」は，無理を重ねた出店政策により自滅した。西武百貨店の苦戦も郊外店の出店の失敗といえる。高島屋も，新宿への出店の負担は重く経営を圧迫する要因となっている。

　郊外店の店舗空間という資源は相対的に「希少」ではない。都心と違い，郊外，地方都市においては地価が相対的に安く，また再開発の余地がある。そのために，最初は順調であった店舗が，急速に売上げを低下させることもある。例えば1973年開業の大宮高島屋は開店からしばらくは順調であり，大きな収益をもたらし，柏，高崎への出店といった高島屋の多店舗展開の礎を築いた。しかし，1981年に隣接する県都，浦和に浦和伊勢丹が開業し，1987年には駅をはさんだ反対側に大宮そごうも開業し，これによって大きなダメージを蒙り，売上げ面では最盛期の半分あまりとなっている[12]。

　百貨店・SCは，希少資源たる都市の一等地を独占しているところに，持続的競争優位の源がある。この立地こそが希少資源であり，百貨店の競争優位の源泉である。

　それを最大に活かすためには，地域の顧客の志向というCRM軸による調整が不可欠である。もちろん，SCM軸による，商品をいかに安いコストで提供するか，ということも当然無視はできない。

169

その摺り合わせを効率的に行うのは難しい。マネージャによる調整が事後に行われるためである。事後であるが故にフリーライド，ホールドアップの可能性を核企業は持っている。調整に際し，短期的な売上げの減少を取引先に求める交渉が調整には不可欠であるが，そこに信用がなければ，取引する企業は，リスク・プレミアムを価格に包含させるか，監視のための余分なコストを支払うか，それらが高過ぎるとして取引を止めるかの選択を迫られる。いずれにしても効率的に取引が行われることがない。

その双方の軸に対しコストの高い擬似マトリックス組織による調整が行われる[13]。立地が希少資源でない郊外においては，コストの高いCRM軸による調整は地価が低い故に相対的に重要ではなく，SCMの単一軸を徹底的に訴求した調整形態が有利になる。この場合，余計な調整のコストをかけないショッピングセンター，あるいはその調整機能を軽減しコストを下げ，人員削減をダイナミックに行った百貨店が有利となる。

5　百貨店・SCの競争力＝組織能力とは何か

本稿の目的の一つは，百貨店の苦戦の原因を見つけ，対処する方策をさぐることにあった。百貨店は，一般に衰退業種とされ，しかもその原因は，百貨店というシステムが持つ，一部の取引先，特に返品制度，派遣社員というシステムへの依存関係にあるとされてきた。百貨店は，外部組織への依存関係が原因で，他の業態システムと比較して効率が落ちるとされてきた。特にGMSとの比較がなされてきた。しかし，まず効率の重要な指標である面積当たりの売上げにおいて，百貨店は高い効率を持つ。また，少品種を多種類店頭に並べるという条件下では合理性を持つ。百貨店に対する効率が悪いという批判は根拠が脆弱であるいえる。

これまでの百貨店の分析は，店舗それぞれに目を向けることがなかったための誤謬がある。一店舗あたり数百から数千億を売上げる百貨店のそれぞれの店舗を分析せずに，効率の悪い地方・郊外店も含めて総体として議論してきたのが，全体の「衰退」という議論に繋がった。苦戦を強いられているのは地方・郊外の百貨店の店舗である。都心に立地する店舗はいまだに大きな売上げと効率を持っている。

第8章 結論:百貨店・SCシステムの課題

　そして,その効率は,経済的合理性を持つ返品制度・派遣店員制度に支えられていることを示した。さらに本稿では,同様に,返品制度・派遣店員制度というシステムを持つ,また,本稿はSCとの比較を行った。SCは,オープン・モジュール戦略を採用し,基本的にモジュール間の調整費用を支出しない。しかし百貨店は,SCよりも総じて効率がよい。この原因は,マネージャによる年,季節,月,週を単位とする細やかな調整が行われていることにある。しかし,これらの調整には,調整のための人件費その他のコストがかかる。そのコストを超えるベネフィットを得なければ,このような調整には意味がない。それが得られるのは,「都心の一等地」といった希少資源を最大限に活かすために必要であり,相対的に希少でない郊外・地方においては意味が薄れることを示した。

　逆に,都市に立地し,高い立地コストを支払っているSCはより面積当たりの売上げ効率を上げるためには,マーチャンダイジング面に関する細かな調整を行う必要があろう。これは従来のプロパティ・マネジメントの拡張を意味する。

　一方,現代の百貨店においては,その店舗設計はSCと同様,サブ・システムを導入するものの,この間の調整を行わない方向になりつつある。これは百貨店のSCへの接近である。特に,それは伊勢丹と高島屋の比較によって示された,高島屋が現在向かっている方向である。本稿では詳細に分析できなかったが,それは丸井の方向でもあり,また大丸の合理化もそのベクトルを持っている。さらに西武,そごうをはじめ,ほとんどの百貨店がそちらにベクトルを向けている。1985年以降の百貨店は高級化の流れのなかで,高級なテナント,ブランドを集積し,相対的に平場を縮小してきた。その結果,売場は,「ハコ」といわれる各ショップ,ブランドというサブ・システムでマーチャンダイジングが行われる。これによって,百貨店はSCと接近し,SCの特殊な形態とさえいえる。

　この流れを受けて,マネージャの大幅な削減が行われ,特に,立川高島屋の一時の成功というインパクトが高島屋にはその店舗設計の雛形となった。そして新宿高島屋の初年度の「成功」により,その流れが百貨店業界全体へ広まっていった。多くの百貨店が店舗設計,「サブ・システムの集積,マネー

ジャの大幅削減」を行っている。

　また，伊勢丹はそのケイパビリティをさらに蓄積しようとしている。伊勢丹には，優れたマネジャーを育成し，その調整を可能にする環境を整えてきた戦略があった。伊勢丹は，この「サブ・システムを集積しながら脱カプセル化」という店舗設計を，全社に押し広げようとしている。

　対して，高島屋は，購買本部を設置し，「購買管理手法」なる管理方式を導入した。これは売場を一つの単位としてサブ・システム化し，一つか二つの取引先に逐次契約方式でマーチャンダイジングを依頼する方法であり，ますますSCに接近することとなった。これは，取引先，ブランドを絞り込むことで取引先に規模の経済をもたらし，高い商品利益率を得ようとする。多数のサブ・システムを導入しながらも脱カプセル化をめざした調整を行う伊勢丹の店舗設計とはまったく逆の戦略を導入することとなった。高島屋の方法は売場単位でアウトソーシングを行う方向である。この結果が出るのは，もちろんこれからであるが，短期的には成功しても模倣が簡単にできる方向性である。

　伊勢丹のケイパビリティは，その「ある商品を，売り切れることなく，売れ残ることなく提供するための知識」を十分に活用しながら，他のフロアや売場との関係，開催されるイベントとの関連を考慮したマーチャンダイジングを巡る調整を行う，ことである。これが，一人の顧客からの売上げを最大化する手法である。もちろん，この調整には大きな人件費がかかるが，特に伊勢丹新宿店ではこの調整が功を奏している。

　SCは，製品でいうオープン・モジュール・アーキテクチャ店舗設計である。これは「イン・ショップ」形式のテナントのインターフェイスが何らかの意味で標準化していて，既存部品を寄せ集めれば多様な製品ができるタイプを意味する。デベロッパーが，建物を建てて，そこを区画設計し，部品（個別店舗～テナント）を入れる。その部品は容易に取り替え可能であるが，しかし，店舗全体の調整は行われてはこなかった。

　最後にその解決の方向性，すなわち，百貨店・SCのオープン・イテグラル戦略実現への課題を示して，本稿の締めくくりとしたい。

　まず，第一に，仕入れ・賃料システムの見直しである。百貨店は，消化仕

第8章 結論：百貨店・SCシステムの課題

入れという方式を多用しているが，同じ返品制度に分類される「委託仕入れ」とは大きな違いがある。調整を細かく，的確に行うのならば，マーチャンダイジングの主導権を保持できる「委託仕入れ」を再評価すべきであろう。

また現在のSCの賃料は，売上げの歩合を取り入れており，これがSCのプロパティ・マネジメントを困難にする一因となっている。この歩合は，SCの「部分」たるテナントの売上げを反映して定まる。

「消化仕入れ」「家賃制度」には，SCまたは百貨店「全体」を最適化するという思想はない。何か，全体最適に協力するインセンティブを設計する必要があるだろう。

第二に，調整能力を持つ人材の養成である。一つのブランドにとどまらない，「小売サービス」としてテナントのマーチャンダイジングを，店舗全体を最適化する視点から助言し，調整する「マーチャンダイジング能力」を確立する必要がある。[14] それには，消費者の行動に基づいた日々の細やかな調整業務が必要となる。百貨店等では，設置・販売が一体となっているところから，売場のマネージャがこれを担う。しかし，その数は減り，手薄になっている。SCでは，プロパティ・マネジメントを担うのは，販売には従事しない人々であり，設置者が依頼した外部の人間であることもある。SCがファッション・ビジネスにおける中心的な存在となりつつある今，それらの調整を担う人材を自ら養成する必要があろう。

第三に，調整の基準となる，定量・定性データの分析手法の確立である。販売と管理が一体となっている百貨店の場合においては，プロパティ・マネジメントの調整のための，消費者行動の分析ノウハウは，そこに従事する人々のなかに暗黙知として蓄積されるであろう。しかし，それが難しい場合，テナントの理解を得るためには，明示的な分析が必要である。利害の異なる企業間調整は難しい。そのためには，調整の根拠となる定量的なデータが要求されることとなるが，これをいかに収集し，分析するか，難しい問題が存在する。[15]

この希少資源を最大限に活かすための細やかな調整は，セブン-イレブンなどのコンビニエンス・ストアでも行われている。コンビニエンス・ストアは，フランチャイズという外部資源を活かした形態で運営されているが，これを

細かく調整するために，高度なPOSシステム，マニュアルに加え，スーパーバイザー（オペレーション・フィールド・カウンセラー）といった職を設置し，「細やかな調整」を行っている。オペレーション・フィールド・カウンセラーは，セブン-イレブンの経営指導・助言に携わる社員である。これが毎週火曜日，全国から全員，本社に集まり会議を行う。会議の規模は，1,500人といわれている。交通費，宿泊費を含め，そのコストは膨大なものである。その結果は，他のコンビニエンス・ストアを圧倒する面積効率として現れている[17]。そして，このような調整コストは，相対的に面積の希少なコンビニエンス・ストアにおいて最大限に発揮される。

　これらは，調整コストが必要になる。したがって，そのコストに見合うベネフィットが構築の条件ではある。

【第8章注釈】
1) ルイ・ヴィトン・ジャパンの社長秦郷次郎が，その著書で，百貨店のコントロールを離れ，独自のブランドを確立することの重要性を述べている。秦郷次郎（2004）『私的ブランド論　ルイ・ヴィトンと出会って』日本経済新聞社。
2) 流通に詳しいアナリスト（現：産業再生機構マネージング・ディレクター）松岡真宏は，地方・郊外店の閉鎖が急務であると主張している。松岡真宏（2000）『百貨店が復活する日』日経BP社，pp.203-212。
3) 三越伊勢丹HD，J.フロントリテイリングが誕生し，「メガ百貨店」と称される百貨店の再編がはじまっている。
4) 例えば，『日経マーケティングジャーナル』2008年6月25日付「メガ百貨店　統合の果実遠く」などが短期間での効果があがっていない事実を検証している。
5) 小田急百貨店は2004年から経営陣を伊勢丹からスカウトしたが，2008年5月，経営体制を刷新した。『日経マーケティング・ジャーナル』2008年5月12日付「小田急百貨店　脱・伊勢丹へ動く　出身役員が一斉退任　個人頼みに限界」。
6) ブランドは，価格プレミアムをもたらす。Aaker, David A. (1991), *Managing Brand Equity*.（邦訳：陶山計介他訳（1994）『ブランド・エクイティ戦略』ダイヤモンド社，pp.29-34）
7) 麻倉祐輔・大原茜（2003）『全国百貨店の店舗戦略　新たな競争と成長の構図』同友館。
8) どの位の距離まで近接すると百貨店は影響を及ぼし合うのであろうか。新宿高島屋の開店時，池袋，渋谷の百貨店には影響があったとされる。新宿，池袋，渋谷間は5キロ圏である。しかし，同様の距離にあっても錦糸町そごうの開店は，ほぼ日本橋地区の百貨店に影響を及ぼさなかった。

9) 第一次の商圏は，例えば，折り込みチラシなどといった広告媒体の配布エリアと考えられる。
10) 企業ドメイン（corporate domain）の定義は，市場・技術・顧客ニーズといった次元による。
11) 清水滋（1997）『21世紀版 小売業のマーケティング』ビジネス社，pp.248-252。
12) 最ピーク時は350億円。平成16年現在では200億円を大きく下回っているとされる。
13) 軽量級顧客軸マネージャ（Light-Weight Customer-axis Manager）の給与，売場の入れ替えの費用，短期的な売上げの減少に対して，取引先がリスク・プレミアムとして提示する粗利益の減少分などが直接的なコストである。
14) 伊勢丹が，アウトソーシングのジレンマを克服しているのは，これらの模倣が困難な調整能力による競争優位の構築が行われているからである。本稿でいう「オープン・イングラル」戦略が奏功している。しかし，これらの競争は，調整コストを必要とし，そのコストを上回るベネフィットを得なくてはならない。伊勢丹でも郊外店舗の苦戦があり，その都心における競争力，効率を持ちながらも企業として低利益に甘んじているのは，これらの戦略の不徹底による。

百貨店は，顧客情報と商品情報の両軸の間を調整することによって，SCとの差別化をはかってきた。百貨店は一般に運営が困難とされ，調整のケイパビリティを持つことによって，模倣の難しい組織能力を持つ。そして，その困難な調整が可能な人材が，経営幹部に登用される。この軽量級顧客軸マネージャを活用し，そしてその結果豊富な人材を有することが伊勢丹のケイパビリティである。伊勢丹の出身者が多く他の百貨店，流通，アパレルの経営幹部に登用されている。
15) 例えば，百貨店には「シャワー効果・噴水効果」という概念がある。これは通常，上層階に設置されている催事場が集客装置となって，店舗全体を潤すという経験則（シャワー効果）と，地下の食料品フロアが店舗全体を潤すという経験則（噴水効果）である。同様に他のテナントのマーチャンダイジングとの相乗効果が存在し，それを最大化することがPMの目的である。しかし，これを定量データで，日々示すのは簡単ではない。
16) 勝見明（2002）『鈴木敏文の「統計心理学」』プレジデント社，pp.158-165 によると，勝見はこの会議を取材し，またセブン-イレブン社長鈴木敏文にインタビューを行っている。この会議にかかる直接経費は30億円という。
17) 小川進（2004）「コンビニエンス・ストアにおけるシステム優位」日本商業学会『流通研究』第7巻，第2号（9月）にセブン-イレブンの優位性の分析がある。

おわりに

　競争上重要な業務を外部の組織にゆだねること（アウトソーシング）は，現代の分業制では必要である。それを行わねば，競争に敗れる。現代の百貨店・SCにおいては，高級化そしてファッションに軸足を置いたマーチャンダイジングが要求されるなかで，特選衣料雑貨，高級食材を中心としたブランドの集積が必要であった。しかし，その外部経営資源の利用は，競合企業にも利用可能であり，持続的な競争優位をもたらさない。これがアウトソーシングのジレンマである。

　本稿は，それを解消する方策として「オープン・インテグラル戦略」を提唱した。これは，アウトソーシングする業務を「任せる」のではなく，顧客軸での調整を担う担当者（マネージャ）を設置して，外部資源を積極的にコントロールしようとするものである。マネージャによって日常的に細かい調整を行っていく。その組織能力によって，模倣の難しい競争優位を創り出す。これは，百貨店と従来型のショッピングセンターの対比によって浮かび上がり，また百貨店のなかでも，特に伊勢丹と高島屋の対比によって明らかである。

　外部経営資源の利用を部分的なレベルに留め，本質的なオープン化を行わず，クローズドな組織を追及し，垂直統合をして社内で調達する，あるいは，排他的な系列取引を行うことは可能である。百貨店等の流通業においてはプライベート・ブランド等に注力し差別化をはかる，という方策がこれにあたる。これは，従来から知られている手法であり，コア・コンピタンス以外はオープン化を諦める。これは，アウトソーシングのジレンマを引き起こさない，という一つの解決方法である。しかし，外部経営資源利用の有利さは急速に増大している。企業の最適規模が小さくなり，専門企業が台頭し，情報技術の発展によるサーチコストの減少，アウトソーシング受託企業の隆盛などにより，市場から広く調達する場合の有利さが高まっている。情報化，グローバル化により，顧客は世界中から，よい品，欲しいブランドの情報を得る。この環境下において，よほどの条件がそろわない限り内注にこだわるということは難しくなってきている。

　オープン化を選択した場合においても，デファクト・スタンダードを押さ

えることより,規模の拡大を目指す方策もある。例えば,高速道路のインターチェンジ,あるいは鉄道の結節点において大規模なショッピングセンター,百貨店を構築すれば,模倣は困難である。アウトソーシングのジレンマの一つの解消法がこれであり,ひたすら規模を拡大し,その地域におけるシェアを取ることによって,アウトソーシングを利用して競争優位を保つことができる。

しかし,全ての企業がこの戦略を取りえるわけではない。この戦略が可能なのはファースト・ムーバー・アドバンテージを持つ企業,あるいは,マーケット・リーダーに限定される。チャレンジャー,フォロワー,ニッチャーがこの戦略を採用しても,リーダーが同様の戦略を取る限り勝てない。

対して,オープン・インテグラル戦略は,ファースト・ムーバー・アドバンテージを持たない企業,あるいは,マーケット・リーダーではなくとも採用が可能な戦略である。

オープン・インテグラル戦略は擬似的なマトリックス組織を形成する。一般に運営が困難とされるマトリックス組織を運営するケイパビリティを持つことによって,模倣の難しい組織能力を持つ。

そのためには,本稿でいうオープン・インテグラル戦略においては,調整費用の低減ためにマーチャンダイジングの調整を担う,有能なマネージャの配置が必要である。多くのSCにはこの機能が無く,それが面積当たりの効率において百貨店との差異要因となっている。マネージャは,頻繁にブランドを入れ替えるオープン性を持ちながら,インテグラルな調整,すなわち部分効率の和以上の全体効率の実現を目標とした調整を行う。

本稿は百貨店・SCを中心とした大型店を事例として分析してきた。このアウトソーシングのジレンマの解消方法は,他の業態,他の形態のアウトソーシングにおいても可能である。例えば,フランチャイズという外部経営資源を使用するコンビニエンス・ストアについてはこの能力の差異が観察できる。

アウトソーシングの利用範囲は,近年急速に拡大し,量的にも質的にも変化している。特に,情報システムのアウトソーシングに関しては,企業経営にとって重要な位置付けもあり,また,競争優位の源泉になる可能性もあるところから,本稿の主張するオープン・インテグラルが,どのように実現さ

れているかというテーマが新たに浮上する。議論を一般化，普遍化し，アウトソーシングのジレンマの解消についていかなる戦略が構築できるのかについては今後の課題としたい。

　また，理論的分析としては，所有権理論が十分に使い切れなかったといううらみがのこる。複数の企業が，一つのブランドのもとでビジネスを行うときに，そのブランドの所有権はどうなっているのか，それが顧客にどのような影響を及ぼすのか。この問題への対処が，本稿の「顧客の代弁者」としての正当性の源であるはずだが，これは今後の課題したい。

　現実に，多くの企業は分業のあり方を変化させている。ビジネスの世界は，一つの「企業」が，一つのビジネスを行うのではない。契約で連結された企業群同士が競争優位を巡って争うことになる。これまでの組織論，戦略論の単位は「一つの企業」であったが，これを企業境界の「拡大」によってその対象を変えねばならない。いわば，アウトソーシング，アライアンス，あるいは中間組織といった様々な形態の企業ネットワークの「連結ベース」戦略論・組織論の構築が必要になる。

　本書は，その一つの試みである。そして，このいわば，戦略論・組織論の構築の再構に向けての「開会宣言」でもある。

●参考文献

Aaker, David A.（1991），*Managing Brand Equity*.（邦訳：陶山計介他訳（1994）『ブランド・エクイティ戦略』ダイヤモンド社）

Akerlof, George Arthur（1970），"The Market for 'Lemons': Quality Uncertainty and the Market Mechanism", *Quarterly Journal of Economics*, Aug. 1970.

Albrecht, Karl and Ron Zemke（2002），*Service : America in the New Economy*.（邦訳：和田正春訳（2004）『サービス・マネジメント』ダイヤモンド社）

Anderson, James C. and James A. Narus（1995），"Capturing the Vlue of Supplementary Services".（邦訳：和田正春訳（2001）「高収益メーカーはサービスを売る」『ダイヤモンド・ハーバード・ビジネスレ・ビュー』6-7月号，ダイヤモンド社）

Baldwin, Carliss Y. and Kim B. Clark（2000），*Design Rules, Vol.1: The Power of Modularity*.（邦訳：安藤晴彦訳（2004）『デザイン・ルール　モジュール化パワー』東洋経済新報社）

Barney, Jay B.（1981），Firm Resources and Sustained Competitive Advantage.

Barney, Jay B.（2001），"In Sustained Competitive Advantage Still Possible in the New Economy".（邦訳：岡田正大監訳（2001）「リソース・ベースト・ビュー」『ダイヤモンド・ハーバード・ビジネス・レビュー』5月号，ダイヤモンド社）

Barney, Jay B.（2002），*Gaining and Sustaining Competetive Advantage*, second edition, Peason Education Inc.（邦訳：岡田正大訳（2003）『企業戦略論　競争優位の構築と持続（上中下）』ダイヤモンド社）

Benson, John and Gareth Shaw（1992），*The Evolution of Retail Sytems c.1800-1914*.（邦訳：前田重朗他訳（1996）『小売システムの歴史的発展　1800年〜1914年のイギリス，ドイツ，カナダにおける小売業のダイナミズム』中央大学出版部）

Besanko, David A., David Dranove and Mark T. Shanley（2000），*Economics of Strategy*, 2nd Edition.（邦訳：奥村昭博・大林厚臣訳（2002）『戦略の経済学』ダイヤモンド社）

Blackford, Mansel G.（1998），*The Rise of Modern Business in Great Briten, the United States, and Japan*.（邦訳：藤田誠久他訳（2000）『モダン・ビジネス　生成・展開の国際比較』同文舘出版）

Bramash, Isadore（1989），*Macy's for Sale*.（邦訳：秋葉なつみ訳（1989）『乗っ取られたメイシー　名門百貨店の内乱』東急エージェンシー）

Brandenburger, A. M. and Nalebuff（1997），*Co-opetetiion*.（邦訳：嶋津祐一・東田啓作訳（1997）

179

『コーペティション経営』日本経済新聞社）

Cappelli, Peter (1999), *The New Deal Of Work : Managing the Market-Driven Workforce.*（邦訳：若山由美訳（2001）『雇用の未来』日本経済新聞社）

Carroll, Paul (1993), *Big Blues.*（邦訳：近藤純夫訳（1995）『ビッグブルース　コンピュータ覇権をめぐるIBM vs マイクロソフト』アスキー出版局）

Casson, Mark (1998), *Information and Organizaition : A New Perspective on The Theory of The Firm.*（邦訳：手塚公登・井上正訳（2002）『情報と組織　新しい企業理論の展開』アグネ承風社）

Chandler, Jr., Alfred D. (1962), *Stategy and Structure.*（邦訳：有賀裕子訳（2004）『組織は戦略に従う』ダイヤモンド社）

Chandler, Jr., Alfred D. (1977), *Visible Hand : The Managerial Revolution in American Business.*（邦訳：鳥羽欽一郎・小林袈裟治訳（1979）『経営者の時代』東洋経済新報社）

Chandler, Jr., Alfred D. (1978), *The United States : Evolution of Enterprise.*（邦訳：丸山恵也訳（1986）『チャンドラー　アメリカ経営史』亜紀書房）

Chandler, Jr., Alfred D. (2000), "Information Age", *A Nation Transformed by Information: How Information Has Shaped the United States from Colonial Times to the Present*, Oxford University Press.

Christensen, Clayton M. (1997), *The Innovator's Dilemma.*（邦訳：玉田俊平太・伊豆原弓訳（2001）『イノベーションのジレンマ』翔泳社）

Clark, Kim B. and Takahiro Fujimoto (1991), *Product Development Performance*, Hravard Business School Press, Boston, Massachusetts.

Coase, R. H., "The Nature of the Firm", Economica, n.s., 4, November, 1937, pp.386-405.（邦訳：宮沢健一・後藤晃・藤垣芳文（1992）『企業・市場・法』第2章「企業の本質」東洋経済新報社）

Coase, R. H. (1988), *The Firm, the Market and The Law*", The University of Chicago Press.（邦訳：宮沢健一・後藤晃・藤垣芳文訳（1992）『企業・市場・法』東洋経済新報社）

Colla, Enrico (2001), *La Grnde Distribution Européenne.*（邦訳：三浦信訳（2004）『ヨーロッパの大規模流通業　国際的成長の戦略と展望』ミネルヴァ書房）

Collins, David J. and Cynthia A Montgomery (1998), *Corporate Strategy : A Resourse-Based Approach.*（邦訳：根来龍之他訳（2004）『資源ベースの経営戦略論』東洋経済新報社）

Crainer, S. (1999), *The 75 Greatest Management Decisions Ever Made and 21 of the Worst.*（邦訳：有賀裕子訳（2003）『マネジメントの英断』東洋経済新報社）

Davidow, William H. and Michael S. Malone (1992), *The Virtual Corpotation.*（邦訳：牧野

昇（1993）『バーチャル・コーポレーション　未来企業への条件』徳間書店）

Dawson, John A.（1983）, *Shopping Centre Development*,（邦訳：佐藤俊雄訳（1987）『ショッピングセンター　計画・デザイン・開発』白桃書房）

Dicke, Thomas S.（1992）, *Franchizing In America : The Development of a Business Method, 1840-1890*, University of North Carolina Press.

Douma, Sytse and Hein Schreuder（1991）, *Economic Approaches to Organizations*.（邦訳：岡田和秀他訳（1994）『組織の経済学入門』文眞堂）

Doz, Yves L. and Gary Hamel（1998）, *Alliance Advantage*.（邦訳：志太勤一・柳孝一監訳（2001）『競争優位のアライアンス戦略　スピードと価値創造のパートナーシップ』ダイヤモンド社）

Evans, Philip and Thomas S. Wurster（2000）, *BLOWN to BITS*.（邦訳：ボストンコンサルティンググループ訳（2000）『ネット資本主義の企業戦略　ついにはじまったビジネス・ディスコントラクション』ダイヤモンド社）

Fukuyama, Francis（1995）, *Trust*.（邦訳：加藤寛訳（1996）『信無くば立たず』三笠書房）

Ghemawat, Pankaj（2001）, *Staregy and The Business Landscape*.（邦訳：大柳正子訳（2002）『競争戦略論講義』東洋経済新報社）

Gilbert, Nigel, Roger Burrows and Anna Pollert（1992）, *Fordism and Flexibility*.（邦訳：丸山恵也監訳（1996）『フォーディズムとフレキシビリティ　イギリスの検証』新評論）

Hagel Ⅲ, John and Marc Singer（1999）"Unbundling the Corporation", *Harvard Business Review*, March-April.（邦訳：中島由利訳（2000）「アンバンドリング　大企業が解体されるとき」『ダイヤモンド・ハーバード・ビジネス・レビュー』4-5月号，ダイヤモンド社）

Hamel, Gary and C. K. Prahalad（1994）, *Competing for the Future*.（邦訳：一條和生訳（2001）『コア・コンピタンス　未来への競争戦略』日本経済新聞社）

Hammer, Michael（2001）, *The Agenda*.（邦訳：福嶋俊造訳（2002）『カスタマーエコノミー革命　顧客中心の経済が始まった』ダイヤモンド社）

Hirschman, Albert（1970）, *Exit Voice and Loyalty: Responses to Decline in Firms, Organizations, and States*, Harvard University Press.

Hofer, C. W. and D. Schendel.（1978）, *Strategy Formulation: Analytical Concepts*.（邦訳：奥村昭博他訳（1981）『戦略策定　その理論と方法』千倉書房）

Iacobucci, Dawn（2001）, *Kellogg on Marketing*.（邦訳：奥村昭博・岸本義之監訳（2001）『マーケティング戦略論』ダイヤモンド社）

Jones, Ken and Jim Simmons（1990）, *The Retail Environment*.（邦訳：藤田直晴・村山祐司監訳（1991）『商業環境と立地戦略』大明堂）

Kim, W. Chan and Renee Mauborgne（1997），"Value Innovation The Strategic Logic of Hight Growth," *Diamond Harvard Business Review*.（邦訳：坂本義実訳（1997）「バリュー・イノベーション　連続的価値創造の戦略」『ダイヤモンド・ハーバード・ビジネス・レビュー』6-7月号，ダイヤモンド社）

Kotler, Philip（2000）*Kotler on Marketing*.（邦訳：木村達也訳（2000）『コトラーの戦略的マーケティング』ダイヤモンド社）

Langlois, Richard N. and Paul L. Robertson（1995），*Firms, Markets and Economic Change : A Dynamic Theory of Business Institutions*.（邦訳：谷口和弘訳（2004）『企業制度の理論　ケイパビリティ・取引費用・組織境界』NTT出版）

Lawrence, Paul R. and Jay W. Lorsch（1967），*Organization and Environment*.（邦訳：吉田博訳（1977）『組織の条件適合理論　コンティンジェンシー・セオリー』産業能率短期大学出版部）

Lev, Baruch（2001），*Intangibles : Management, Measurement, and Reporting*.（邦訳：広瀬義州・桜井久勝監訳（2002）『ブランドの経営と会計　インタンジブルズ』東洋経済新報社）

Levitt, Theodore（1962），*Innovation in Marketing*.（邦訳：土岐坤訳（1983）『マーケティングの革新』ダイヤモンド社）

Malone, Thomas W.（2004），*The Future of Work*.（邦訳：高橋則明訳（2004）『フューチャー・オブ・ワーク』ランダムハウス講談社）

March, James G. and Herbert Simon（1958），*Organizations*.（邦訳：土屋守章訳（1977）『オーガニゼーションズ』ダイヤモンド社）

Marshall, Alfred,（1890），*Principles of Economics*.（邦訳：永沢越郎訳（1985）『経済学原理』岩波ブックセンター信山社）

Martinez, Arthur C.（2002），*The Hard Road to the Softer Side*.（邦訳：菊田良治訳（2004）『巨大百貨店再生　名門シアーズはいかに復活したか』日経BP社）

Milgrom, P. and J. Roberts（1992），*Organization and Management*.（邦訳：奥野正寛他訳（1997）『組織の経済学』NTT出版）

Mintzberg, Henry, Bruce Ahlsrand and Joseph Lampel.（1998），*Strategy Safari : A Guided Tour Through The Wilds of Strategic Management*.（邦訳：齋藤嘉則監訳（1999）『戦略サファリ　戦略マネジメント・ガイドブック』東洋経済新報社）

Penrose, Edith T.（1959），*The Theory of the Growth of the Firm, second edition*.（邦訳：末松玄六訳（1980）『会社成長の理論』ダイヤモンド社）

Peppers, Don and Martha Rogers（1997），*Enterprise One To One*.（邦訳：井関利明監訳（1997）『ONE to ONE企業戦略』ダイヤモンド社）

参考文献

Peters, Tom (1987), *Thriving Chaos.* (邦訳：平野勇夫訳 (1989)『トム・ピータース　経営革命　上下』TBSブリタニカ)

Picot, Arnold, Helme Dietl and Egon Franck (1997), *Organization.* (邦訳：丹沢安治・榊原研互・田川克生・小山明宏・渡辺敏雄・宮城徹訳 (1999)『新制度派経済学による組織入門』白桃書房)

Pimk, Daniel (2001), *Free Agent Nation.* (邦訳：池村千秋訳 (2002)『フリーエージェント社会の到来「雇われない生き方」は何を変えるか』ダイヤモンド社)

Piore, Michael J. and Charles F. Sabel (1984), *The Second Industrial Divide.* (邦訳：山之内靖他訳 (1993)『第二の産業分水嶺』筑摩書房)

Porter, Michael E. (1980), *Competitive Strategy.* (邦訳：土岐坤他訳 (1982)『競争の戦略』ダイヤモンド社)

Porter, Michael E. (1985), *Competitive Advantage.* (邦訳：土岐坤他訳 (1985)『競争優位の戦略　いかに高業績を持続させるか』ダイヤモンド社)

Rayport, Jeffrey F. and John J. Sviokla (1995), *Expoliting The Virtual Value Chain.* (邦訳：ダイヤモンド・ハーバード・ビジネス・レビュー編集部訳 (2001)『成長戦略論』ダイヤモンド社)

Robbins, Stephan P. (1997), *Essentials of Organizational Behavior,* 5th edition. (邦訳：高木晴夫訳 (1997)『組織行動のマネジメント』ダイヤモンド社)

Roscher, Wilhelm (1843) *Grundriss zur Vorlesungen uber die Staatswirthshaft nach geschichtlicher Methode,* (邦訳：山田雄三訳 (1938)『歴史的方法に拠る国家経済学講義要綱』岩波書店)

Saxenian, Analee (1994), *Regional Advantage : Culture and Competition in Silicon Valley and Route 128.* (邦訳：大前研一訳 (1995)『現代の二都物語』講談社)

Schumpeter, Joseph Alois (1926), *THEORIE DER WIRTSHAFLICHAN.* (邦訳：塩野谷祐一他訳 (1977)『経済発展の理論　上・下』岩波文庫)

Schumpeter, Joseph Alois (1928), *Unternehmer.* (邦訳：清成忠男訳 (1998)『企業家とは何か』東洋経済新報社)

Scranton, Philip (1997), *Endless Novelty,* (邦訳：廣田義人他訳 (2004)『エンドレス・ノヴェルティ　アメリカの第2次産業革命と専門生産』有斐閣)

Shaldrake, John (1996), *Management Theory : From Taylorism to Japanization.* (邦訳：齋藤毅憲他訳 (2000)『経営管理論の時代　テイラー主義からジャパナイゼーションへ』文眞堂)

Simon, Herbert A. (1996), *The Sciences of the Artificicial,* third edition. (邦訳：稲葉元吉・吉原秀樹訳 (1999)『システムの科学　第3版』パーソナルメディア)

Sloan Alfred P. jr (1963), "My years with General Motors" Doubleday, Reissue.

Smith, A. (1776), *An Inquiry into the Nature and Causes of the Wealth of Nations.* (邦訳：水田洋・杉山忠平訳 (2001)『国富論 1-4』岩波書店)

Stigler, George J. (1987), *The Theory of Praice*, fourth edition. (邦訳：南部鶴彦・辰巳憲一訳 (1991)『価格の理論 第4版』有斐閣)

Stiglitz, Joseph E. (1997), *Economics.* (邦訳：藪下史郎他訳 (2000)『スティグリッツ ミクロ経済学』東洋経済新報社)

Taylor, F.W. (1911), *The Principles of Scientific Management.* (邦訳：上野陽一訳 (1888)『科学的管理法 新版』産業能率大学出版部)

Toffler, A. (1980), *The Third Wave.* (邦訳：徳岡孝夫訳 (1982)『第三の波』中央公論社)

Underhill, Paco (2004), *Call of the Mall*, (邦訳：鈴木主税訳 (2004)『なぜ人はショッピングモールが大好きなのか ショッピングの科学ふたたび』早川書房)

Uslaner, Eric M. (2003), *Trust in the Knowledge Society.* (邦訳：宮川公男・大守隆訳「知識社会における信頼」, 宮川公男・大守隆編 (2004)『ソーシャル・キャピタル』東洋経済新報社)

Walters, David (1994), *Retailing Management : Analysis, Planning and Control.* (邦訳：小西滋人・上野博・小西英行・小木紀親訳 (2002)『小売流通経営 戦略決定と実行』同文舘出版)

Williamson, Oliver E. (1975), *Markets and Hierarchies*, The Free Press, A Divison of Macmillan Publishing Co., Inc. (邦訳：浅沼萬里・岩崎晃訳 (1980)『市場と企業組織』日本評論社)

IBMビジネスコンサルティングサービス IT戦略グループ (2003)『エンタープライズ・アーキテクチャ』日経BP社

青木昌彦 (2002)「産業アーキテクチャのモジュール化 理論的イントロダクション」, 青木昌彦・安藤晴彦編『モジュール化 新しい産業アーキテクチャの本質』東洋経済新報社

青木昌彦・安藤晴彦編 (2002)『モジュール化』東洋経済新報社

青木昌彦, ロナルド・ドーア編 (1995)『国際・学際研究 システムとしての日本企業』NTT出版

麻倉祐輔・大原茜 (2003)『全国百貨店の店舗戦略 新たな競争と成長の構図』同友館

浅沼万里 (1997)『日本の企業組織 革新的適応のメカニズム—長期取引関係の構造と機能』東洋経済新報社

阿部真也・村上剛人編 (2003)『グローバル流通の国際比較 共通性と多様性の解明』有斐閣

阿部忠彦 (2001)「企業間分業構造, 製品/部品構造と電子商取引システム 自動車, パソコン産業を例として」, 奥野正寛・池田信夫編著『情報化と経済システムの転換』東洋経

済新報社
有賀健（1993）『日本的流通の経済学』日本経済新聞社
浅羽茂・新田都志子（2004）『ビジネスシステムレボリューション』NTT出版
安藤晴彦・元橋一之（2002）『日本経済 競争力の構想 スピード時代に挑むモジュール化戦略』日本経済新聞社
池田信夫（1997）『情報通信革命と日本企業』NTT出版
池田信夫（2001）「デジタル化・モジュール化・カプセル化 情報技術が要求する組織革新」，尾高煌之助・都留康編『デジタル化時代の組織革新 企業・職場の変容を検証する』有斐閣，第1章
池田信夫（2003）『ネットワーク社会の神話と現実』東洋経済新報社
池本正純編（2004）『現代企業組織のダイナミズム』専修大学出版局
石井寛治（2003）『日本流通史』有斐閣
石原武政・矢作敏行（2004）『日本の流通100年』有斐閣
井関利明（1994）『百貨店の新・サービス学 クオリティ・サービスが拓く百貨店の21世紀』日本百貨店協会（百貨店学講座2）
伊勢丹広報担当社史編集事務局（1990）『伊勢丹百年史：三代小菅丹治の足跡をたどって』伊勢丹株式会社
伊丹敬之・軽部大（2004）『見えざる資産の戦略と論理』日本経済新聞社
伊藤宗彦（2004）「水平分業構造が変える製造価値 EMS企業のグローバル・サプライチェーン戦略」『流通研究』日本商業学会，第7巻，第2号，pp.57-73
伊藤元重編著（1996）『流通革命の経済学』ダイヤモンド社
伊藤元重（1998）『百貨店の未来』日本経済新聞社
伊藤元重（2003）『流通戦略の新発想』PHP
井上達彦（1998）『情報技術と事業システムの進化』白桃書房
井上達彦（2003）「EDIインターフェイスと企業間の取引形態の相互依存性 競争と強調を維持するオープンかつ密接な関係」『組織科学』Vol. 36, No. 3：74-91
今井賢一（1984）『情報ネットワーク社会』岩波新書
今井賢一（1990）『情報ネットワーク社会の展開』筑摩書房
今井賢一・伊丹敬之・小池和男（1982）『内部組織の経済学』東洋経済新報社
今井賢一・金子郁容（1988）『ネットワーク組織論』岩波書店
岩下弘（1997）『流通国際化と海外の小売業』白桃書房
岩瀬敬一朗（2001）『百貨店に明日はない 体験的百貨店論』実業之日本社
臼杵政治（2001）「金融業のアーキテクチャと競争力 内在化するモジュラー化志向とクローズな取引関係の役割」，藤本隆宏・武石彰・青島矢一編『ビジネス・アーキテクチャ—

製品・組織・プロセスの戦略的設計』有斐閣
宇田川勝編（2004）『ケーススタディ　戦後日本の企業家活動』文眞堂
江尻弘（1994）『百貨店の再興　消費経済新時代への戦略のたて直し』中央経済社
江尻弘（2003）『百貨店返品制の研究』中央経済社
大垣尚司（2004）『金融アンバドリング戦略』日本経済新聞社
小川進（2000）『ディマンド・チェーン経営　流通業の新ビジネスモデル』日本経済新聞社
小川進（2004）「コンビニエンス・ストアにおけるシステム優位」，日本商業学会『流通研究』第7巻，第2号（9月）
小川秀樹（1998）『イタリアの中小企業　独創と多様性のネットワーク』日本貿易振興会
奥住正道（1997）『顧客社会　生活者中心の流通戦略』中央公論社
奥野正寛・池田信夫（2002）編著『情報化と経済システムの転換』東洋経済新報社
尾高煌之助・都留康編（2001）『デジタル化時代の組織革新　企業・職場の変容を検証する』有斐閣
小田切宏之（1992）『日本の企業戦略と組織』東洋経済新報社
加護野忠男・井上達彦（2004）『事業システム戦略　事業の仕組みと競争優位』有斐閣
片山又一郎（1983）『伊勢丹100年の商法』評言社
勝見明（2002）『鈴木敏文の「統計心理学」』プレジデント社
金井壽宏（1994）『企業者ネットワーキングの世界　MITとボストン近辺の企業者コミュニティの探求』白桃書房
加茂英司（1996）『再販制と日本型流通システム』中央経済社
川端準治・菊池慎二（2001）『百貨店はこうありたい　百貨店再生への道しるべ』同友館
川辺信雄（1994）『新版　セブン・イレブンの経営史』有斐閣
菊池仁（1997）『新宿伊勢丹村　顧客の心をとらえたお買場革命と21世紀の百貨店戦略』オーエス出版社
経済産業省編（2002）『日本的組織の再構築　アンシャンレジーム（旧制度）からの脱却』経済産業調査会
河野英子（2003）「承認図転換メーカーの能力獲得プロセス　部品のアーキテクチャ特性が与える影響」『組織科学』Vol. 36, No. 4：56-68
胡欣欣（2001）「日米欧がしのぎを削る中国」，ロス・デービス，矢作敏行『アジア発グローバル小売競争』日本経済新聞社
国領二郎（1995）『オープン・ネットワーク経営—企業戦略の新潮流　Strategy & Management』日本経済新聞社
国領二郎（1999）『オープン・アーキテクチャ戦略—ネットワーク時代の協働モデル』ダイヤモンド社（Diamond Harvard Business・IT戦略シリーズ）

参考文献

国領二郎(2001)「ネットワーク時代における協働の組織化について」『組織科学』Vol. 34, No. 4：4-14

国領二郎 (2004)『オープン・ソリューション社会の構想』日本経済新聞社

国領二郎・片岡雅憲・野中郁次郎 (2003)『ネットワーク社会の知識経営』NTT出版

小林哲・南智恵子編 (2004)『流通・営業戦略』有斐閣

小山周三 (1970)『現代の百貨店』日経文庫

小山周三 (1997)『現代の百貨店 新版』日経文庫

近能善範 (2002)「自動車部品取引のネットワーク構造とサプライヤーのパフォーマンス」『組織科学』Vol. 35, No. 3：83-100

佐々木宏 (2001)『B to B型組織間関係のマネジメント EDI採用と普及に関する卸売業者の分析』同文舘出版

産経新聞取材班 (2001)『ブランドはなぜ墜ちたか 雪印，そごう，三菱自動車事件の深層』角川書店

柴田友厚・玄場公規・児玉文雄 (2002)『製品アーキテクチャの進化論 システム複雑性と分断による学習』白桃書房

嶋口充輝 (1994)『顧客客満足型マーケティングの構図 新しい企業成長の論理を求めて』有斐閣

島田達巳編 (1995)『アウトソーシング戦略』日科技連

島田達巳 (2001)「情報システムのアウトソーシング 企業・自治体比較を焦点として」『組織科学』Vol. 35, No. 1：p.32

清水克俊・堀内昭義 (2003)『インセンティブの経済学』有斐閣

清水滋 (1973)『百貨店のマーチャンダイジング』デパートニューズ社

清水滋 (1997)『21世紀版 小売業のマーケティング』ビジネス社

下川浩一 (1990)『日本の企業発展史 戦後復興から50年』講談社

新宅純二郎・浅羽茂編 (2001)『競争戦略のダイナミズム』日本経済新聞社

神野由紀 (1994)『趣味の誕生 百貨店がつくったテイスト』勁草書房

末松千尋 (2002)『京様式経営 モジュール化戦略 「ネットワーク外部性」活用の革新モデル』日本経済新聞社

鈴木安昭 (1980)『昭和初期の小売商問題：百貨店と中小小売店の角逐』日本経済新聞社

鈴木安昭 (2001)『日本の商業問題』有斐閣

鈴木安昭 (2006)『新・流通と商業 第4版』有斐閣

孫飛舟 (2003)『自動車ディーラー・システムの国際比較 アメリカ，日本と中国を中心に』晃洋書房

高嶋克義 (1994)『マーケティグ・チャネル組織論』千倉書房

高橋郁夫（2004）『消費者購買行動』千倉書房
高橋伸夫（1995）『経営の再生』有斐閣
武石彰（2003）『分業と競争 競争優位のアウトソーシング・マネジメント』有斐閣
武石彰・高梨千賀子（2001）「海運業のコンテナ化 オープン・モジュラー化のプロセスとインパクト」, 藤本隆宏・武石彰・青島矢一編『ビジネス・アーキテクチャ―製品・組織・プロセスの戦略的設計』有斐閣
竹田陽子（2000）『プロダクト・リアライゼーション戦略 3次元情報技術が製品開発組織に与える影響』白桃書房
竹田陽子（2001）「情報技術による分化・統合のマネジメント 製品開発プロセスにおける3次元情報技術利用の事例」『組織科学』Vol. 35, No. 2
田島義博（2004）『歴史に学ぶ流通の進化』日経事業出版センター
田島義博・原田英生（1997）『ゼミナール流通入門』日本経済新聞社
田中洋（2002）『企業を高めるブランド戦略』講談社
田村正紀（1986）『日本型流通システム』千倉書房
田村正紀（2004）『先端流通産業』千倉書房
丹沢安治（2000）『新制度派経済学による組織研究の基礎 制度の発生とコントロールへのアプローチ』白桃書房
丹沢安治（2004）「現代企業組織のダイナミズムと知識ベースの企業理論」, 池田正純編『現代企業組織のダイナミズム』専修大学出版会
丹沢安治（2004）「新しい産業構造における企業間関係」, 九州大学経済学会『経済学研究』第71巻, 第1号
土屋好重（1967）『百貨店』新紀元社
鶴光太郎（2002）「モジュール化の経済学」『RIETI Discussion Paper Series』02-J-009
デービス・ロス・矢作敏行（2001）『アジア発グローバル小売競争』日本経済新聞社
陶山計介・宮崎昭・藤本寿良（2002）『マーケティング・ネットワーク論 ビジネスモデルから社会モデルへ』有斐閣
中村多聞（1994）『百貨店経営新論 その再生のシナリオ』デパートニュース社
中川洋一郎（2003）「モジュール化戦略」, 林昇一・高橋宏幸編『戦略経営ハンドブック』中央経済社
成生達彦（1994）『流通の経済理論 情報・系列・戦略』名古屋大学出版会
西口敏弘（1996）「共生進化の組織間マネジメント 自動車産業, 航空会社の見るコラボレーション」, ダイヤモンド・ハーバード・ビジネス・レビュー編集部編『アウトソーシングの実践と組織変化 最適効率とバーチャル・カンパニーへの挑戦』ダイヤモンド社, pp.124-201

西口敏宏（2000）『戦略的アウトソーシングの進化』東京大学出版会
西口敏宏（2003）『中小企業ネットワーク―レント分析と国際比較』有斐閣
西村晃（1998）『21世紀百貨店の挑戦』ストアーズ社
日経流通新聞編（1993）『流通現代史』日本経済新聞社
日経流通新聞編（1993）『百貨店があぶない』日本経済新聞社
日経流通新聞・日経ＭＪ編（1990-2003）『流通経済の手引』日本経済新聞社
日本ショッピングセンター協会（2005）『SC JAPAN TODAY』10月号，日本ショッピングセンター協会
日本ショッピングセンター協会（2005）『SC白書2005』日本ショッピングセンター協会
日本百貨店協会（2001）『百貨店IT白書』日本百貨店協会
日本ファッション教育振興協会編（1996）『ファッションビジネス戦略』日本ファッション教育振興協会
沼上幹（2003）『組織戦略の考え方　企業経営の健全性のために』筑摩書房
沼上幹（2004）『組織デザイン』日本経済新聞社
根来龍之・小川佐千代（2001）『製薬・医療産業の未来戦略　新たなビジネスモデルの探求』東洋経済新報社
野中郁次郎・竹内弘高（1996）『知識創造企業』東洋経済新報社
秦郷次郎（2004）『私的ブランド論　ルイ・ヴィトンと出会って』日本経済新聞社
林昇一・高橋宏幸編（2003）『戦略経営ハンドブック』中央経済社
林昇一・寺東寛治（1980）『現代サービス産業の戦略　産業流転の演出者』同友館
林周二（1962）『流通革命－製品・経路および消費者』中央公論社
一橋大学イノベーション研究センター編（2001）『イノベーション・マネジメント入門』日本経済新聞社
藤本隆宏（1997）『生産システムの進化論』有斐閣
藤本隆宏（2001）『生産マネジメント入門　1-2』日本経済新聞社
藤本隆宏（2003）『能力構築競争　日本の自動車産業はなぜ強いのか』中央公論新社
藤本隆宏（2004）『日本のもの造り哲学』日本経済新聞社
藤本隆宏，キム・Ｂ・クラーク，田村明比古（1993）『実証研究　製品開発力―日米欧自動車メーカー20社の詳細調査』ダイヤモンド社
藤本隆宏・葛東昇（2003）「疑似オープン・アーキテクチャと技術的ロック・イン　中国二輪産業の事例から」『RIETI Discussion Paper Series』04-J-003
藤本隆宏・武石彰・青島矢一編（2001）『ビジネス・アーキテクチャ―製品・組織・プロセスの戦略的設計』有斐閣
藤本隆宏・延岡健太郎（2004）「日本の得意産業とは何か　アーキテクチャと組織能力の相性」

『RIETI Discussion Paper Series』04-J-040

藤本隆宏・安本雅典（2000）『成功する製品開発―産業間比較の視点』有斐閣
風呂勉（1998）『マーケティング・チャネル行動論』千倉書房
松岡真宏（2000）『百貨店が復活する日』日経BP社
松岡真宏（2001）『問屋と商社が復活する日』日経BP社
真鍋誠司（2002）「企業間協調における信頼とパワーの効果　日本自動車産業の事例」『組織科学』白桃書房，Vol. 36, No. 1：80-94
丸山雅祥（1988）『流通の経済分析　情報と取引』創文社
嶺隆（1996）『帝国劇場開幕「今日は帝劇　明日は三越」』中央公論社
三輪芳朗・西村清彦編（1991）『日本の流通』東京大学出版会
森島義博・花澤良治・西村真也・加賀谷忠史（2004）『ビルオーナーのためのプロパティ・マネジメント入門』東洋経済新報社
森田正隆・西村清彦（2001）「情報技術が流通戦略を変える　日米自動車流通の比較分析」，新宅純二郎・浅羽茂編『競争戦略のダイナミズム』日本経済新聞社，第7章
安田雪（2001）『実践ネットワーク分析　関係を解く理論と技法』新曜社
安田雪（2004）『人脈づくりの科学「人と人との関係」に隠された力を探る』日本経済新聞社
柳沢元子（2002）『デパート革命　再生への5つの条件』平凡社
山岸俊男（1998）『信頼の構造　こころと社会の進化ゲーム』東京大学出版会
山倉健嗣（2001）「アライアンス論・アウトソーシング論の現在　90年代以降の文献展望」『組織科学』Vol. 35, No. 1：81-94
山倉健嗣（2001）「特集　アライアンスとアウトソーシング　巻頭言」『組織科学』Vol. 35, No. 1
山田英夫（1997）『デファクト・スタンダード　市場を制覇する規格戦略』日本経済新聞社
吉川弘之・冨山哲男（2000）『設計学－ものづくりの理論』放送大学教材
劉宗其（2001）『日系企業を脅かす台湾の巨大外資』，ロス・デービス，矢作敏行『アジア発グローバル小売競争』日本経済新聞社
和田充夫（1998）『関係性マーケティングの構図』有斐閣

著者紹介

北島 啓嗣（きたじま　ひろつぐ）

福井県立大学経済学部准教授
博士（総合政策）・中央大学
国際戦略経営研究学会幹事
中央大学政策文化研究所・経済研究所客員研究員
1963年三重県生まれ
2005年　中央大学総合政策研究科博士後期課程修了
株式会社高島屋勤務を経て2005年福井県立大学経済学部講師。2008年より現職
2001年度　東洋経済高橋亀吉記念論文賞受賞
翻　訳『組織の経済学入門』（共訳）文眞堂 2007年 Douma, Sytse and Hein Schreuder（2002），
　　　Economic Approaches to Organizations, 3rd edition, Prentice-Hill.
報告書「ロングテール現象による地方物産振興の条件」単著，電気通信普及財団研究調査報
　　　告書 No. 22，2007年

■オープン・インテグラルアーキテクチャ
　　　―百貨店・ショッピングセンターの企業戦略―

■発行日――2009 年 6 月 26 日　初版発行　　〈検印省略〉

■著　者――北島啓嗣
　　　　　　きたじまひろつぐ

■発行者――大矢栄一郎

■発行所――株式会社　白桃書房
　　　　　　　　　　　はくとうしょぼう

　　〒101-0021　東京都千代田区外神田 5-1-15
　　☎ 03-3836-4781　📠 03-3836-9370　振替 00100-4-20192
　　　　　　　http://www.hakutou.co.jp/

■印刷・製本――藤原印刷

© Hirotsugu Kitajima 2009　Printed in Japan　ISBN978-4-561-66178 8C3063

・**JCLS**〈㈳日本著作出版権管理システム委託出版物〉
本書の無断複写は著作権法上の例外を除き禁じられています。複写される場合は、
そのつど事前に、㈳日本著作出版権管理システム委託出版物（電話 03-3817-5670、
FAX 03-3815-8199、e-mail：info@jcls.co.jp）の許諾を得てください。
落丁本・乱丁本はおとりかえいたします。

田村正紀　著

立地創造
イノベータ行動と商業中心地の興亡

立地創造とは，商業適地でない場所に，店舗や商業集積を計画的に起こし成功を収めることである。本書は，地理情報データベースを駆使して，大都市圏での流通イノベータの行動とそれによる商業中心地の興亡を実証的に解明した。

ISBN978-4-561-63168-2　C3063　　A5判　　328頁　　本体 3,400 円

矢作敏行・関根　孝・鍾　淑玲・畢　滔滔　著
発展する中国の流通

流通業が国境を超えて発展し，ドメスティックな要素とグローバルな要素が交錯するアジア。翻って，内向きの日本の流通業界。アジアのなかで日本の流通を捉え直すことを視野に，いま中国で起きている流通の現実を提示。

ISBN978-4-561-66180-1 C3063　A5判　352頁　本体 3,800 円

小宮路雅博　著

徹底マスター マーケティング用語

本書は，マーケティングの基礎概念や理論を理解しながら，必要な用語をきちんと押さえるために生まれた問題集である。基礎からＭＢＡレベルまで通用する500問1300用語をそろえ，徹底的にマスターできる。

ISBN978-4-561-65154-3 C3063　　B5判　　210頁　　本体1,905円